O GRANDE
EXÉRCITO
DE DEUS

10 sermões sobre anjos | **O GRANDE EXÉRCITO DE DEUS**

Spurgeon

CHARLES H.

© Editora Hagnos Ltda.

1ª edição: abril de 2024

Tradução
Paulo Sartor Jr.

Revisão
Francine Torres (copidesque)
Luiz Werneck Maia (provas)

Capa
Rafael Brum

Diagramação
Letras Reformadas

Editor
Aldo Menezes

Coordenador de produção
Mauro Terrengui

Impressão e acabamento
Imprensa da Fé

As opiniões, as interpretações e os conceitos emitidos nesta obra são de responsabilidade do autor e não refletem necessariamente o ponto de vista da Hagnos.

As notas de rodapé deste livro foram inseridas para clarificar palavras, expressões e personagens, além de contextualizar o leitor sobre aspectos históricos e culturais.

Todos os direitos desta edição reservados à
Editora Hagnos Ltda.
Rua Geraldo Flausino Gomes, 42, conj. 41
CEP 04575-060 — São Paulo, SP
Tel.: (11) 5990-3308

E-mail: hagnos@hagnos.com.br
Home page: www.hagnos.com.br

Editora associada à

Dados Internacionais de Catalogação na Publicação (CIP)
Angélica Ilacqua CRB-8/7057

Spurgeon, C. H. (Charles Haddon), 1834-1892.

O grande exército de Deus: 10 sermões sobre anjos / Charles H. Spurgeon; tradução de Paulo Sartor Jr. — São Paulo: Hagnos, 2024.

ISBN 978-85-7742-505-1

1. Anjos
2. Cristianismo
II. Título
III. Sartor Jr., Paulo

24-0494   CDD 235.3

Índices para catálogo sistemático:
1. Anjos

SUMÁRIO

Prefácio 7

1. O interesse dos anjos pelo evangelho 9

2. O aprendizado dos anjos 31

3. Anjos caídos: uma lição para humanos caídos 49

4. Os modos designados por Deus para a proteção angélica 71

5. Uma outra e mais nobre exposição 89

6. Satanás partindo e os anjos ministrando 111

7. Seres humanos escolhidos, anjos caídos rejeitados 129

8. O Cristo enfraquecido é fortalecido 149

9. Maanaim, ou Exércitos de Anjos 165

10. A afinidade dos dois mundos 187

Sobre o autor 205

PREFÁCIO

A CADA semana, Charles Haddon Spurgeon (1834-1892), considerado "o príncipe dos pregadores", nutria sua igreja, o Metropolitan Tabernacle, em Londres, Inglaterra, com o néctar da Palavra de Deus. Seus sermões inspiradores são um manancial de excelente erudição bíblica e um bálsamo para o coração. Em *O grande exército de Deus*, selecionamos estes dez desses sermões inspirativos sobre os anjos, esses seres que causam fascínio em todos nós:

1. *O interesse dos anjos pelo evangelho*: explora o fascínio dos anjos pelo evangelho, destacando sua importância para esses seres espirituais. Spurgeon discute como os anjos estão envolvidos na obra de Deus na Terra e como o evangelho ressoa nos reinos celestiais.
2. *O aprendizado dos anjos*: destaca como esses seres espirituais estão constantemente crescendo em conhecimento e entendimento das obras de Deus. Spurgeon ilustra como os anjos são observadores atentos das ações de Deus e como isso os influencia em seu serviço sagrado.
3. *Anjos caídos: uma lição para humanos caídos*: discute a queda dos anjos e como isso serve de advertência ou lição para os seres humanos que também podem cair em desobediência e rebelião contra Deus. Spurgeon enfatiza a importância da fidelidade e submissão ao Senhor.
4. *Os modos designados por Deus para a proteção angélica*: aborda os métodos pelos quais Deus providencia a proteção dos anjos, enfatizando como Ele os designa para cuidar dos crentes e cumprir sua vontade na Terra. Ele destaca histórias bíblicas ou princípios espirituais que ilustram a intervenção angelical em momentos de perigo ou necessidade.

8   O grande exército de Deus

5. *Uma outra e mais nobre exposição*: revela que anjos observam os humanos, principalmente a igreja, onde a sabedoria de Deus é revelada. Spurgeon exorta a igreja a viver de maneira digna desse escrutínio angelical. Ele insta o pecador ao arrependimento imediato, algo celebrado pelos anjos.

6. *Satanás partindo e os anjos ministrando*: explica como a derrota de Satanás pela obra redentora de Cristo permite que os anjos exerçam seu ministério de proteção, provisão e assistência aos crentes.

7. *Seres humanos escolhidos, anjos caídos rejeitados*: compara e contrasta a escolha graciosa de Deus de salvar os seres humanos com a rebelião e rejeição dos anjos caídos. Spurgeon enfatiza a soberania e a graça de Deus na salvação dos crentes.

8. *O Cristo enfraquecido é fortalecido*: aborda como a fraqueza aparente de Cristo na cruz se transforma em força e vitória através de sua ressurreição e exaltação. Spurgeon enfatiza o paradoxo da fraqueza divina e a sabedoria de Deus na obra redentora de Cristo.

9. *Maanaim, ou Exércitos de Anjos*: explora a presença angelical ao redor dos crentes, destacando como os exércitos de anjos de Deus estão presentes para proteger, guiar e fortalecer os seguidores de Cristo em momentos-chave da história da salvação.

10. *A afinidade dos dois mundos*: discute a conexão entre o mundo espiritual e o físico, explorando como os anjos e os seres humanos estão interligados na obra de Deus. Ele destaca como os crentes experimentam a influência e a assistência dos anjos em sua vida diária.

Desfrute dessas reflexões abençoadas extraídas diretamente da Palavra inspirada de Deus e aplicadas de forma sobrenatural ao seu coração. Que elas tenham tanto impacto em sua vida quanto tiveram na mente e no coração dos ouvintes de Spurgeon no século 19.

Boa leitura!

Aldo Menezes
Editor

1

O INTERESSE DOS ANJOS PELO EVANGELHO

[...] para as quais coisas os anjos desejam bem atentar.
1 Pedro 1:12

O APÓSTOLO Pedro escreveu sua primeira epístola a um povo perseguido, cuja maioria passava por muitas provações. Os sofrimentos dos primeiros cristãos são algo terrível até mesmo de se pensar; o mundo dificilmente viu uma crueldade mais implacável do que aquela que perseguiu os primeiros servos de nosso divino Senhor e Mestre. Pedro, portanto, quando escreveu a esses santos provados, procurou animá-los e encorajá-los. Sobre o que, então, ele escreveu? Ora, sobre o evangelho; pois não há nada como a simples doutrina da salvação pela redenção para confortar os espíritos mais angustiados.

O capítulo do qual nosso texto foi extraído é tão claro quanto o próprio evangelho. Nele, Pedro diz aos estrangeiros eleitos que eles foram gerados de novo "para uma viva esperança, pela ressurreição de Jesus Cristo dentre os mortos, para uma herança incorruptível, incontaminável

10 O GRANDE EXÉRCITO DE DEUS

e que se não pode murchar" (1Pedro1:3-4); e ele também os lembra de que "não foi com coisas corruptíveis, como prata ou ouro, que fostes resgatados [...], mas com o precioso sangue de Cristo, como de um cordeiro imaculado e incontaminado" (1Pedro 1:18-19). Neste capítulo, temos todas as grandes verdades centrais do evangelho — eleição, redenção, regeneração, chamado eficaz, santificação e perseverança final. Irmãos e irmãs, sempre que quisermos consolo, nunca nos afastemos do evangelho para encontrá-lo. O filho de Deus sempre encontra seu melhor conforto nas coisas de Deus. Se o seu conforto só pode vir da sociedade mundana, é bastante claro que você pertence ao mundo; mas se você é um dos verdadeiros filhos de Deus, tudo o que você deseja para animá-lo sob a provação mais pesada já lhe foi provido no evangelho de Cristo, e será rapidamente aplicado a você pelo Espírito Santo, o Consolador, se você apenas buscá-lo. Pedro aqui prescreve um remédio para o espírito abatido e para a depressão geral. Esse remédio é interessar-nos mais profundamente pelas coisas de Deus, entregar-nos mais intensamente à consideração e contemplação delas. Elas são dignas de toda a atenção que possamos dedicar-lhes; pois se os profetas, aquelas pessoas com as mais grandiosas mentes humanas, divinamente inspiradas, ainda tiveram que inquirir profundamente para compreender a Palavra de Deus conforme lhes fora revelada (1Pedro 1:10), deve haver algo nela que faremos bem em perscrutar; e se os santos anjos, essas inteligências poderosas, não conseguem compreender a ponto de "desejarem bem atentar" as coisas de Deus, deve haver algumas coisas muito profundas escondidas nas simplicidades do evangelho que você e eu deveríamos perscrutar. Se as perscrutássemos, ficaríamos muito animados e consolados. Nossas mentes seriam desviadas daquelas provações que agora tantas vezes nos incomodam; devemos ser elevados acima delas, não devemos viajar lenta e dolorosamente por essa estrada acidentada, e ter nossos pés cortados com cada pedra afiada e nosso espírito perfurado por cada provação dolorosa; mas devemos subir,

O INTERESSE DOS ANJOS PELO EVANGELHO **11**

como nas asas de uma águia, e cavalgar nos lugares altos da Terra, e rego-zijar-nos no Salvador que fez tão grandes coisas por nós (Salmos 126:3). Devemos comer as coisas cheias de gordura e tutano (Salmos 63:5) que Deus providenciou para aqueles que estudam diligentemente a sua Palavra e valorizar a Palavra de Deus acima de todos os tesouros terrenos.

Não direi nada neste momento sobre o grande interesse que os antigos profetas tinham pela Palavra de Deus; mas vou me limitar muito ao interesse que os anjos têm por ela, para que possa incitar os irmãos a imitar o exemplo deles. Quero, em primeiro lugar, lembrá-los de que os anjos têm um vivo interesse no evangelho da nossa salvação; e, em segundo lugar, mostrar-lhes que os anjos o estudam avidamente: "as quais coisas os anjos desejam bem atentar".

I

Primeiro, quero lembrá-los de que *os anjos têm um vivo interesse no evangelho da nossa salvação.*

É verdade que eles não estão interessados no evangelho por si mesmos. Eles nunca pecaram; e, consequentemente, não precisam de expiação nem de perdão. Sem dúvida, eles têm algum tipo de interesse indireto nele, o que não tentarei explicar agora; mas, certamente, uma vez que o evangelho traz salvação, cura, perdão, justificação e purificação, os anjos não precisam dele. Nunca tendo sido contaminados, não precisam ser lavados; e sendo perfeitos na sua obediência, não precisam ser perdoados por quaisquer falhas. E ainda assim eles têm um profundo interesse pela obra do Senhor Jesus Cristo; o que, então, direi da loucura daqueles que estão contaminados pelo pecado, e ainda assim não têm interesse pela fonte em que podem ser lavados e ficar mais brancos que a neve? (Salmos 51:7) O que direi da loucura fatal daqueles que são culpados, e ainda

12 O GRANDE EXÉRCITO DE DEUS

assim não consideram o método de perdão que Deus providenciou em Cristo Jesus, seu Filho, e nosso único Salvador?

Os anjos nem sequer estão interessados no evangelho por causa da sua relação com qualquer um dos seus companheiros, pois os anjos caídos não têm parte nem participação nas suas provisões. Quando eles caíram do seu primeiro estado, Deus os deixou sem esperança para sempre; e eles permanecem em sua rebelião contra Ele, esperando pelo terrível dia em que receberão a recompensa total por sua revolta infame. Não há misericórdia para os espíritos caídos. Vejam como Deus exerce sua soberania: quando seres humanos e anjos pecaram, Ele passou ao largo dos maiores pecadores e aceitou os menores. Os espíritos caídos, "[Deus] reservou na escuridão e em prisões eternas até ao juízo daquele grande Dia" (Judas 1:6). No entanto, Ele olhou para os seres humanos, criaturas de uma vida brevíssima, com olhos de piedade e compaixão, e enviou seu Filho à Terra, em nossa natureza, para que pudesse nos redimir da ira que nos era justamente devida. Os anjos não têm interesse direto na morte e no sangue de Cristo por causa de qualquer bênção que venha por meio dele a qualquer um de seus antigos companheiros angélicos; ainda assim, eles desejam bem atentar para essas coisas. O que, então, devo pensar de mim mesmo e de você, meu irmão, se, sendo nós salvos, tivermos pouco ou nenhum interesse no evangelho como o único meio de salvar nossos semelhantes? É vergonhoso nos importarmos menos com a humanidade do que os anjos se importam, pois os seres humanos são nossos irmãos e nada pode salvá-los, exceto o evangelho de Jesus; e, portanto, nossa humanidade comum deveria nos fazer buscar o seu bem-estar, e deveríamos ter o mais profundo interesse imaginável nas coisas que contribuem para a paz de suas almas imortais.

Os anjos têm um profundo interesse no evangelho porque observam o interesse de Deus nele. Daquilo com que Deus se importa os anjos cuidam imediatamente. Aquilo que entristece o Espírito Santo também é doloroso para os santos anjos; e aquilo que alegra o coração de Deus também alegra os espíritos que se curvam em adoração ao redor de seu trono. Os santos anjos clamam, cada um ao seu companheiro: "Deus é glorificado ao salvar seres humanos pecadores. Nosso abençoado Senhor e Líder desceu à Terra para realizar a redenção dos caídos; portanto, aprendamos tudo o que pudermos sobre sua maravilhosa obra; e onde quer que haja algo que possamos fazer para ajudá-lo, fiquemos de pé, com asas abertas, ansiosos para voar ao comando de Deus".

Sem dúvida, os anjos também se interessam pelo evangelho porque são cheios de amor. Esses espíritos puros amam tão certamente quanto vivem; e eles não apenas amam a Deus e uns aos outros, mas também amam a nós, que fomos feitos um pouco menores do que os anjos (Hebreus 2:7). Eles têm um grande carinho por nós — muito mais, imagino, do que nós temos por eles. Somos seus irmãos mais novos, por assim dizer, e estamos, em razão da nossa carne e do nosso sangue, ligados à materialidade, enquanto eles são espíritos puros; contudo, eles não nos invejam por causa do amor de Deus, nem nos desprezam por causa de nossas falhas e loucuras; embora, penso eu, eles muitas vezes devam se questionar a nosso respeito. Às vezes, eles estão prontos para fazer perguntas sobre o nosso comportamento estranho, tal como dois deles fizeram quando Cristo ressuscitou dos mortos e na ocasião Maria Madalena chorava. Aqueles anjos estavam cheios de alegria porque Cristo havia ressuscitado, então lhe disseram: "Mulher, por que choras?" (João 20:11-13) O que poderia haver para chorar quando Jesus ressuscitou dos mortos? Ah, amados! Os anjos muitas vezes devem ficar surpresos conosco e pensar que somos as criaturas mais estranhas possíveis; ainda assim, eles nos amam e, portanto, têm grande interesse naquele evangelho que promove nosso bem maior. Eles sabem o que frequentemente esquecemos: que nada pode nos tornar tão felizes quanto sermos santos, e que nada pode nos tornar santos a não ser sermos lavados no sangue de Jesus e sermos renovados pelo Espírito Santo

14 O GRANDE EXÉRCITO DE DEUS

(Efésios 5:26). De sua reverência a Deus e de sua irmandade para com os seres humanos, surge aquele interesse que os faz desejar estar atento às coisas profundas de Deus e de seu evangelho.

Os anjos sempre se interessaram por tudo o que diz respeito aos humanos. Alguns deles ficaram à porta do Éden, com uma espada flamejante que girava em todas as direções, para impedir nosso primeiro pai de entrar, caso ele tentasse forçar o caminho de volta quando havia perdido o direito a toda a sua alegria (Gênesis 3:24), do mesmo modo os espíritos mais amorosos do mundo ainda estão do lado da justiça e creem que Deus é justo, mesmo que o paraíso esteja perdido e o ser humano esteja condenado a comer pão com o suor do seu rosto (Gênesis 3:19). Estão do lado do ser humano, mas muito mais do lado de Deus, e dizem: "Que Deus, o sempre Justo, seja glorificado, aconteça o que acontecer com os filhos dos homens".

Depois daquele dia fatal da Queda, os anjos vigiavam constantemente os seres humanos aqui embaixo e frequentemente falavam com um e outro deles, pois Deus os enviava com mensagens de misericórdia para Abraão, ou para Isaque, ou para Ló, ou para Jacó, ou para outros da raça humana. Houve, porém, um grande dia em que, com pompa solene, os carros de Deus, que são "vinte milhares, milhares de milhares" (Salmos 68:17), desceram ao monte Sinai, quando a lei foi proclamada. Os anjos estavam ali como cortesões do grande Rei, para conferir solenidade adicional à declaração da lei de Deus. O fato de terem estado presentes naquela augusta ocasião mostra seu interesse pelos filhos dos homens.

Contudo, prefiro falar com vocês sobre a vinda deles para anunciar o nascimento daquele a respeito de quem cantamos: "Um menino nos nasceu, um filho se nos deu" (Isaías 9:6). Quando ocorreu o nascimento que eles haviam anunciado, com que alegria eles vieram e pairaram sobre os campos de Belém e cantaram o grande coro: "Glória a Deus nas alturas, paz na terra, boa vontade para com os homens!" (Lucas 2:14). Foi o

O INTERESSE DOS ANJOS PELO EVANGELHO 15

intenso interesse deles por nós que os deixou alegres pelo nascimento do nosso Redentor. Então, como cantávamos no início deste culto:

Em todas as suas labutas e caminhos perigosos
Os anjos acompanharam cada passo do Senhor,
Muitas vezes pausavam e se questionaram como, no final,
Iria terminar essa história de amor.

Naquele momento notável em que Jesus foi tentado no deserto e estava com as feras, quando o Diabo o deixou, anjos vieram e o serviram (Marcos 1:13). Eles estavam sempre por perto enquanto Jesus estava aqui, sempre acompanhando invisivelmente os passos dele. Vocês se lembram de como um anjo lhe apareceu, fortalecendo-o quando Ele estava em agonia no jardim do Getsêmani (Lucas 22:43); foi algo maravilhoso o Filho de Deus receber uma infusão de força de um mensageiro angélico. Com que interesse reverente os anjos devem ter observado nosso Senhor na cruz!

Enquanto no madeiro cambaleante Ele estava pendurado,
E a escuridão cobria o céu,
Os anjos viam, aterrorizados, aquela horrível cena:
Que o Senhor da Glória ali morreu!

No entanto, eles ficaram felizes por descerem ao seu sepulcro vazio, entrarem nele e guardarem o lugar onde, por um tempo, o corpo de Cristo estivera. Eles falaram com os discípulos e os consolaram, dizendo-lhes que Jesus havia ressuscitado dentre os mortos (João 20:12); e, o tempo todo, eles tiveram tanto interesse em tudo relacionado ao Senhor porque reconheceram nele o Salvador dos pecadores.

Anjos trouxeram a carruagem dele dos céus,
Para ao seu trono o levar;

16   O GRANDE EXÉRCITO DE DEUS

Bateram suas asas triunfantes e clamaram:
"A gloriosa obra consumada está".

E isso não é tudo. Sabemos, pelas Escrituras, que os anjos não apenas cuidavam do Salvador, mas também se regozijavam pelos arrependidos. O Senhor Jesus nos disse que "há alegria diante dos anjos de Deus por um pecador que se arrepende" (Lucas 15:10); isto é, há alegria no coração de Deus, e os anjos podem ver isso. Eles estão na presença de Deus e podem ver que Deus está feliz; e sabemos que eles também partilham dessa alegria. Na parábola da ovelha perdida, o nosso Salvador representa o pastor reunindo os seus amigos e vizinhos e dizendo-lhes: "Alegrai-vos comigo, porque já achei a minha ovelha perdida" (Lucas 15:6). Assim o fazem, tenho certeza; eles se regozijam com cada pessoa resgatada que é trazida para casa sobre os ombros do bom Pastor.

E, amados, eles cuidam de cada alma que crê. Este é um dos seus principais ofícios, pois "não são, porventura, todos eles espíritos ministradores, enviados para servir a favor daqueles que hão de herdar a salvação?" (Hebreus 1:14) A promessa que Satanás citou erroneamente é verdadeira para todo filho de Deus: "Porque aos seus anjos dará ordem a teu respeito, para te guardarem em todos os teus caminhos. Eles te sustentarão nas suas mãos, para que não tropeces com o teu pé em pedra." (Salmos 91:11-12) De quais males espirituais eles nos protegem, não cabe a mim tentar dizer; nem tentar descrever como, muitas vezes, em pleno ar, ocorrem lutas ferozes entre os demônios do inferno e os bons espíritos do céu (Apocalipse 12:7-9); ou como o príncipe das potestades do ar é confundido e rechaçado pelo arcanjo Miguel quando este vem cuidar do corpo vivo de Cristo, como antigamente ele guardara o corpo morto de Moisés (Judas 1:9). Ah! Pouco sabemos o quanto devemos a esses agentes invisíveis do sempre bendito Deus. Eles estão profundamente interessados em todos os filhos dele. A parábola nos conta que Lázaro morreu "e foi levado pelos anjos para o seio de Abraão" (Lucas 16:22). Não tentarei explicar o que essa expressão significa, mas tenho certeza de que quando nós, que amamos o Senhor, morrermos, os anjos terão algo a ver com a nossa partida e com a nossa entrada no mundo dos espíritos felizes e na câmara da presença do Senhor nosso Deus. Gosto do relato de John Bunyan[1] sobre os peregrinos passando pelo rio, e os seres resplandecentes encontrando-os do outro lado e conduzindo-os pela subida íngreme até a Cidade Celestial, onde eles veem o rosto de seu Mestre com alegria e nunca mais saem de lá.[2]

E não farão de outro modo conosco naquela hora; pois quando estivermos com Deus eternamente encerrados e protegidos de todo perigo de queda e pecado, os anjos aumentarão a música de nosso cântico contínuo, pois cantarão: "Digno é o Cordeiro, que foi morto, de receber o poder, e riquezas, e sabedoria, e força, e honra, e glória, e ações de graças" (Apocalipse 5:12). No entanto, seremos capazes de cantar o que eles não conseguem: "foste morto e com o teu sangue compraste para Deus homens de toda tribo, e língua, e povo, e nação; e para o nosso Deus os fizeste reis e sacerdotes; e eles reinarão sobre a terra" (Apocalipse 5:9-10).

Além disso, esses amados acompanhantes de nossos passos errantes aqui embaixo, esses pacientes guardiões de nossas horas noturnas, esses anjos guias, que serão nossos companheiros na morte quando esposa, filhos e amigos não puderem ir mais adiante conosco, esses seres gloriosos, no céu, aprenderão de nossos lábios a multiforme sabedoria de Deus. Eles se reunirão ao nosso redor, maravilhados e felizes, enquanto, um por um, estivermos sobre o mar de vidro (Apocalipse 15:2); e eles nos pedirão para ensaiar repetidas vezes as maravilhas do amor redentor, e para

---

[1] John Bunyan (1628-1688) foi um escritor e pregador batista inglês. Foi o autor de *O peregrino* (São Paulo: Hagnos, 2024, no prelo), uma alegoria cristã bastante popular nos países de língua inglesa.

[2] Cena do livro *O peregrino*, de John Bunyan.

18 O grande exército de Deus

contar-lhes o que significava a conversão, e o que significava a santificação, e como o poder, a sabedoria, a graça e a paciência de Deus foram experienciados por cada um de nós; e seremos seus alegres professores até o fim dos tempos.

Não lhes provei que os anjos têm um interesse ativo no evangelho de nosso Senhor e Salvador Jesus Cristo? E não deveria eu voltar a este ponto prático: vocês também têm um interesse ativo no evangelho — vocês em cuja natureza Cristo apareceu, — vocês, filhos dos homens —, vocês que devem ficar perdidos para sempre, a menos que o precioso sangue do Cordeiro ensanguentado seja aspergido sobre vocês?

> Não é nada para vocês, todos que passam aqui em frente,
> Não é nada para vocês que Jesus tenha morrido livremente?

Foi por pessoas como você que Ele morreu, mesmo pelos filhos e filhas culpados dos seres humanos, "Porque, na verdade, ele não tomou os anjos, mas tomou a descendência de Abraão" (Hebreus 2:16). Jesus tomou os seres humanos, não os anjos; deveriam eles, então, estar interessados no evangelho, e você, com quem Ele se preocupa de modo especial, não deveria também demonstrar interesse? Já lhes lembrei que eles não têm "irmãos anjos" para serem convertidos pelo evangelho; eles não têm "irmãs anjos" para serem levadas a Deus pela história do Calvário; no entanto, eles estão profundamente interessados no evangelho e também em nós; e vocês, meus companheiros cristãos, não terão um interesse mais profundo na obra de Deus e na propagação do evangelho, quando sua própria carne e sangue devem ser convertidos por ele, ou então devem morrer eternamente? Nossas irmãs e irmãos, nossos filhos e filhas, nossas esposas e maridos, possivelmente até nossos pais, perecerão para sempre, a menos que Jesus Cristo seja levado a eles, e eles a Cristo. O que vocês estão fazendo, vocês que professam a fé em Cristo e são negligentes, vocês que conseguem dormir tranquilamente enquanto homens e mulheres são condenados? Em que vocês estão pensando, vocês que comem gordura e bebem o vinho doce nos átrios da casa do Senhor, e ainda assim nunca mostram aos prisioneiros o caminho para a liberdade, nem contam aos que estão morrendo as boas-novas de que "há vida em apenas olhar para o Crucificado", nem dizem aos que estão perecendo que há salvação para eles em Cristo Jesus, seu Senhor? Despertem! Despertem! Eu os conjuro, por todo anjo de asas velozes que se interessa pela cruz de Cristo e pela salvação dos humanos; levantem-se, filhos dos homens! Se vocês puderem, de qualquer forma, ser o meio de salvar alguns, sejam ativos no serviço daquele Salvador que deu tudo de si por vocês. Deus abençoe essa exortação a todos a quem ela diz respeito!

II

Agora, nós nos voltamos para o segundo ponto, que é este: *os anjos estudam avidamente o evangelho* e todas as verdades relacionadas a ele: "as quais coisas os anjos desejam bem atentar".

É bem certo, então, que os anjos não sabem tudo o que há no evangelho, pois desejam investigá-lo. O evangelho não é inteiramente conhecido por eles, e não acredito que seja conhecido por qualquer um de nós. Algumas vezes, encontrei-me com certos irmãos que professavam ter todo o evangelho condensado em cinco pontos de doutrina, para que pudessem colocar tudo no bolso do colete e carregá-lo lá; e eles pareciam pensar que não tinham mais nada a aprender. Se alguém tentasse ensinar-lhes qualquer outra verdade além daquelas que já sabiam, eles ficavam furiosos, pois não queriam saber mais nada. Eles não são como os santos anjos, que desejam investigar essas coisas. O Dr. John Owen[3] foi, talvez,

---

[3] John Owen (1616-1683) foi um teólogo reformado puritano e líder eclesiástico. Muitos o consideram, ao lado de João Calvino e de Jonathan Edwards, como um dos

20   O GRANDE EXÉRCITO DE DEUS

o teólogo mais profundo que já existiu; apesar disso, ele não poderia saber, na Terra, tanto sobre certas coisas quanto os anjos; e devo dizer que, ainda hoje, ele deseja investigar o mistério do amor redentor e da glória de Cristo sobre o qual escreveu com tão maravilhoso poder. O apóstolo Paulo já havia se convertido há muitos anos quando escreveu a Epístola aos Filipenses, mas nela expressou o desejo de seu coração de poder conhecer a Cristo. Ora, ele não o conhecia? E se não o conhecia, quem o conheceu? Sem dúvida, Paulo sentia que havia tanto de Cristo de modo que o que sabia a respeito dele era muito pouco. Tenho ouvido a palavra *perfeição* ser usada muito levianamente por alguns que me pareciam saber pouco do seu significado; mas será que alguém em sã consciência afirmará que atingiu a perfeição no conhecimento? Aos Coríntios, Paulo escreveu: "se alguém cuida saber alguma coisa, ainda não sabe como convém saber" (1Coríntios 8:2). O mistério da redenção estava escondido em Cristo desde a eternidade (Apocalipse 13:8) e só foi dado a conhecer à igreja ou mesmo aos anjos gradualmente. Eles ainda não sabem tudo. A respeito de sua Segunda Vinda, nosso Senhor disse aos discípulos: "Porém daquele Dia e hora ninguém sabe, nem os anjos dos céus, nem o Filho, mas unicamente meu Pai" (Mateus 24:36). O Diabo também não sabe tudo. Tenho certeza de que Satanás não sabia que Cristo veio ao mundo para redimir os seres humanos, morrendo por eles, ou então ele nunca os teria incitado a condená-lo à morte. Ele não teria sido tão tolo a esse ponto; ele teria tentado, se possível, manter Cristo vivo para que não fôssemos redimidos por Ele. O Diabo não sabe tanto quanto pensa saber, mesmo agora; e, muitas vezes, ele é confundido por um filho de Deus de coração simples, que crê em Deus e é corajoso o suficiente para fazer o que é certo. Nem os seres humanos, nem os profetas, nem os anjos, nem os demônios sabem tudo sobre o evangelho. Eles ainda precisam continuar estudando,

---

três maiores teólogos reformados de todos os tempos.

meditando e contemplando, como os seres santos diante do trono de Deus estão fazendo: "as quais coisas os anjos desejam bem atentar".

Irmãos, embora eles ainda não saibam tudo sobre Cristo e seu evangelho, eles querem saber tudo o que puderem. Eles têm muitos outros assuntos para estudar. Existem todos os mundos que Deus criou, e possivelmente eles têm liberdade para abranger todos eles; contudo, não leio com referência às maravilhas da astronomia: "as quais coisas os anjos desejam bem atentar". Os anjos, sem dúvida, sabem muito mais do que todos os nossos cientistas a respeito das eras anteriores deste mundo; eles poderiam dizer muito sobre as várias formações e estratos de que falam os geólogos, mas não encontro registro de que os anjos tenham qualquer desejo particular de examinar essas coisas. Quando Deus criou o mundo, "quando as estrelas da alva juntas alegremente cantavam, e todos os filhos de Deus" (Jó 38:7), muitas vezes eles admiraram os arranjos providenciais de Deus e louvaram o sábio Governante que guia todas as coisas com infinita sabedoria. Agora, no entanto, suas principais contemplações parecem estar fixadas em Cristo e em seu evangelho.

Basta observar duas ou três passagens das Escrituras. Vá primeiro para Êxodo 25:20, onde lemos a respeito dos querubins, que pertencem a uma ordem de anjos: "Os querubins estenderão as suas asas por cima, cobrindo com as suas asas o propiciatório; as faces deles, uma defronte da outra; as faces dos querubins estarão voltadas para o propiciatório". "Voltadas para o propiciatório", como se seus olhos estivessem continuamente fixos na redenção de Cristo, na propiciação realizada por seu sacrifício. Nos dias de Daniel, esses espíritos benditos demonstraram o maior interesse concebível em saber tudo o que pudessem sobre a nossa redenção. Se vocês abrirem as Escrituras no capítulo 8 do livro de Daniel e no versículo 13, poderão ler o que aquele servo de Deus escreveu: "Depois, ouvi um santo que falava; e disse outro santo àquele que falava: 'Até quando durará a visão do contínuo sacrifício e da transgressão assoladora?'". "Até

22 O GRANDE EXÉRCITO DE DEUS

quando?" — essa foi a pergunta que os santos fizeram muito antes de Cristo descer à Terra. Leia também o capítulo 12, começando no versículo 5: "E eu, Daniel, olhei, e eis que estavam outros dois, um desta banda, à beira do rio, e o outro da outra banda, à beira do rio. E ele disse ao homem vestido de linho, que estava sobre as águas do rio: 'Que tempo haverá até ao fim das maravilhas?'". Eles perguntaram repetidamente: "Quanto tempo?". Todos os seus pensamentos estavam concentrados nas coisas de Deus, e eles desejavam investigá-las.

Agora, para que sejamos humilhados, quero que vocês se lembrem de que os anjos têm um intelecto muito aguçado. Acredito que eles nos superam em muito em sua capacidade de pensamento; e ainda assim, embora tenham aprendido tanto sobre o evangelho, eles não supõem saber mais do que realmente sabem, eles desejam investigá-lo. Vocês e eu, talvez, supomos que sabemos tudo sobre o evangelho e que não precisamos de horas de estudo, reflexão, oração e unção do Espírito Santo. Pobres tolos miseráveis! Os anjos, que são muito superiores a nós em inteligência, não foram além do desejo de aprender e de saber; receio que muitos de vocês não tenham chegado tão longe. É algo grandioso desejar conhecer essas coisas; quando desejamos saber mais sobre alguma coisa, isso prova que já sabemos algo sobre o seu valor.

Lembrem-se também de que o intelecto dos anjos nunca foi distorcido por preconceitos. Não há ninguém entre nós que não seja preconceituoso até certo ponto. Nossos pais nos distorceram em uma direção, e nossos companheiros nos distorceram em outra direção, e todos nós temos a propensão de ter uma visão unilateral das coisas, mesmo que possamos ignorar perfeitamente esse preconceito; e, às vezes, esse nosso preconceito nos impede de ver com clareza, mas não é assim com os anjos. Não há trave, nem sequer um argueiro, nos olhos deles (Mateus 7:3-5); o conhecimento deles não é infinito, mas é um conhecimento maravilhoso até onde vai; no entanto, mesmo eles não veem tudo o que há no evangelho, pois, dele, como do amor de Deus, pode-se dizer verdadeiramente:

Os primogênitos filhos da luz
Desejam em vão suas profundezas olhar;
Eles não podem o mistério, o comprimento,
A largura e a altura alcançar.

Mais uma vez, os anjos têm observado essas coisas há muito tempo. Não sei qual é a idade dos anjos; não sabemos nada sobre qualquer criação de anjos desde a criação do mundo. Nas longas eras antes de o ser humano pisar na Terra, os anjos começaram a pensar em investigar as maravilhas da graça de Deus; contudo, depois de milhares de anos, eles ainda não compreendem plenamente os mistérios do amor redentor. Ah, meus irmãos e minhas irmãs, o evangelho é algo ilimitado; e ai daquele que tenta divisar que existe apenas um pequeno inferno, e um pequeno Deus, e apenas uma pequena ira de Deus! Tão certo quanto a sua ruína foi inconcebivelmente terrível, os desígnios de Deus para a sua redenção e a sua exaltação em Cristo são inconcebivelmente magníficos. "Ainda não é manifesto o que havemos de ser" (1João 3:2). Alguns de nós temos grandes expectativas sobre o que Deus pretende fazer até mesmo com suas criaturas que agora estão confinadas em carne e sangue; mas as nossas maiores expectativas serão provavelmente superadas pela gloriosa realidade. Mesmo os anjos ainda não sabem completamente, depois de todo o seu estudo, o que o poderoso amor de Deus fez e ainda fará por nós.

Não esqueçam também, queridos amigos, que os anjos não estão sujeitos a enfermidades como nós. Sei que esqueci muito mais do que sei, e suponho que a maioria de vocês também; e quando aprendemos alguma coisa, muitas vezes somos como pessoas que pegam um punhado de água;

24 O GRANDE EXÉRCITO DE DEUS

logo tudo se vai. Que peneiras furadas são as nossas memórias! Os anjos, entretanto, não têm tal falha mental. Eles nunca pecaram; e, portanto, de grande parte de nossa enfermidade, eles devem estar totalmente livres. No entanto, embora muito superiores a nós nesse aspecto, esta é a posição que eles alcançaram: eles estão sobre o propiciatório, com as asas estendidas e com os olhos continuamente fixos naquele sinal da propiciação, desejando investigá-lo. É aí que você e eu também nós situamos; se formos verdadeiramente humildes, sentiremos que esse é o ponto máximo aonde chegamos até o momento.

Agora, perguntemos: quais são as coisas que os anjos desejam investigar? Só posso referir-me muito brevemente a elas.

Primeiramente, os anjos desejam saber sobre *a encarnação, a vida e a morte de nosso Senhor e Salvador Jesus Cristo*; a maneira pela qual Deus pudesse ser justo e ainda assim justificar os ímpios; aquela arte sagrada pela qual o sofrimento do Legislador foi uma recompensa suficiente à lei violada; o maravilhoso poder desses sofrimentos em relação a Deus e aos seres humano; como esses sofrimentos quebrantaram o coração das pessoas e as afastaram de seus pecados; como eles lhes deram alegria e paz, e as uniram para sempre ao seu Deus. Você e eu vimos apenas o brilho na superfície do mar carmesim da redenção; não podemos compreender a altura, a profundidade, o comprimento e a largura dos sofrimentos e da morte de Jesus Cristo, nosso Senhor; portanto, ainda desejemos investigá-lo, como fazem os anjos.

Em seguida, os anjos desejam saber sobre a ressurreição de Cristo. "Como você sabe disso?", você pergunta. Ora, o versículo anterior àquele que contém o nosso texto fala de "os sofrimentos que a Cristo haviam de vir e a glória que se lhes havia de seguir" (1Pedro 1:11). Portanto, os anjos adoram pensar em Cristo como aquele que ressuscitou dentre os mortos, no Cristo ascendido e no Cristo que ainda virá em sua glória. Eles desejam contemplar esse mistério e aprender como o glorioso Deus pode tornar-se ainda mais glorioso tomando sobre si a nossa natureza e magnificando assim a sua graça acima de todo o seu nome, redimindo os seres humanos caídos e elevando-os à comunhão consigo.

Os anjos desejam investigar todo o mistério dos corações humanos: como eles caíram, como são regenerados, como são preservados, como são santificados, como são fortalecidos, como são ensinados, como são aperfeiçoados. Há um campo maravilhoso para sua investigação ali, na obra do Espírito Santo sobre os filhos e filhas de Adão, em virtude da morte de Cristo.

Os anjos também querem saber o que Deus fará com este pobre mundo. É um problema terrível para nós; e também o é para eles, eu espero. Vocês conseguem entender esse mundo? Vocês já tentaram compreendê-lo? É muito difícil para qualquer um compreender todos esses milhões de pessoas morrendo continuamente sem Deus, e sem Cristo, e sem esperança. Quais serão as consequências eternas de tudo isso? Como Deus será glorificado no final, quando tais multidões perecerem? Existem alguns irmãos que pensam que sabem tudo sobre esse mistério; eles têm uma filosofia que explica tudo. Não tenho tal filosofia; nem desejo ter. Certa vez, quando era criança, descobri que era agradável para mim estar com meu pai e ouvi-lo falar mesmo quando não entendia bem o que ele dizia; então acho uma coisa abençoada aproximar-se de Deus e contemplar o que Ele está fazendo, mesmo quando não compreendo o que vejo, pois estou perfeitamente satisfeito com o fato de que Ele não pode fazer nada de errado. Mesmo assim, anjos e seres humanos podem unir-se no desejo comum de contemplar a maravilhosa operação da providência e da graça de Deus.

Por fim, os anjos também desejam contemplar a glória que se seguirá. Qual é a glória que ainda está por vir para aqueles espíritos dos justos aperfeiçoados (Hebreus 12:23) que, ainda, não têm seus corpos glorificados, mas estão esperando por eles até que a trombeta da ressurreição

26 O GRANDE EXÉRCITO DE DEUS

soe? Qual será a glória daquele momento em que, num abrir e fechar de olhos, os mortos ressuscitarão incorruptíveis e os vivos serão transformados? (1 Tessalonicenses 4:15-17). E qual será a glória daquela hora terrível em que o céu e a Terra se reunirão diante do último tribunal, e no grande trono branco o Juiz se sentará, e todos os nascidos de mulher serão reunidos diante dele, para prestar contas dos atos feitos no corpo, quer tenham sido bons, quer tenham sido maus? (Apocalipse 20:11-15). E que glória será, antes que esse dia termine, quando sobre todo o mundo dos pecadores as ondas da ira infinita de Deus rolarem e eles afundarem como uma pedra, para nunca mais manchar a Terra! E que glória será quando todos aqueles que estão à direita do Rei (Mateus 25:34), todos os lavados no sangue (Apocalipse 22:14), todos os redimidos, subirem aos seus tronos eternos para se sentarem para sempre com o seu Líder vencedor (Apocalipse 3:21), e reinarem eternamente, companheiros no palácio do Rei, para sempre adorando e bendizendo o santo nome dele! Oh, que glória estará lá! Não tentarei descrevê-la, pois até mesmo os anjos que estão no céu desejam investigar este mistério, pois mesmo eles mal sabem qual será a glória da "universal assembleia e igreja dos primogênitos, que estão inscritos nos céus" (Hebreus 12:23).

Vocês sabem que os gregos tinham, de tempos em tempos, uma grande reunião de toda a nação, à qual chamavam de "assembleia geral". Todos estavam representados ali: o poeta e o filósofo, o ator e o militar. Todas as glórias da Grécia estavam lá. Bem, está por vir uma assembleia geral, um concílio universal de toda a igreja de Deus; e quando todos estiverem lá nas planícies do céu — profetas, confessores,[4] apóstolos, mártires, homens e mulheres humildes de todas as partes do mundo —, nenhum dos redimidos estará ausente, mas todos lá com seu Rei no meio deles, que grito de vitória, que aleluias, que canções de alegria, que júbilos

---

[4] Cristão nos primeiros séculos do cristianismo que "confessavam" (assumiam e proclamavam sua fé publicamente sem medo) nos períodos de perseguição.

O INTERESSE DOS ANJOS PELO EVANGELHO **27**

triunfantes, darão as boas-vindas a esse dia feliz! Pela graça de Deus, estarei lá. Caro ouvinte, você estará lá? Você tem certeza disso? Se for assim, deixe a alegre antecipação daquele dia alegrar seu coração agora mesmo; embora você não saiba qual será a plena realização disso, pois mesmo os anjos, que viram as reuniões menores dos santos (1Coríntios 11:10), ainda não viram a assembleia universal, a reunião de todos os clãs, a coroação do Príncipe, o casamento da noiva, a esposa do Cordeiro (Apocalipse 19:7), e toda a glória de Deus, e o esplendor do infinito brilho do meio-dia que será exibido diante dos olhos maravilhados dos santos e dos anjos eleitos de Deus. Eles não sabem como será, nem você; mas nós, assim como eles, desejamos examinar isso, e espero que todos nós desejemos estar lá.

Agora deixem-me encerrar dizendo que, como os anjos estudam profundamente as coisas de Deus, tentemos fazer o mesmo. Eu gostaria de poder encorajar todos os meus queridos amigos que são salvos a tentarem olhar as coisas de Deus mais de perto. Receio que teremos uma proporção maior de cristãos superficiais do que tivemos no passado, pois temos tantas pessoas que estão sempre gritando a respeito de sua própria religião. Deus os abençoe e os deixe gritar tão alto quanto quiserem; mas eu gostaria que eles tivessem algo mais para comemorar. Há alguns que estão sempre clamando: "Creiam! Creiam! Creiam!"; mas, pela vida deles, eles não poderiam lhes dizer em que vocês devem crer. E muitos que gritam "Aleluia!" não sabem o que essa expressão significa, ou seriam muito mais reverentes para com essa palavra bendita: "Louvado seja o SENHOR!". Queremos, irmãos e irmãs, que vocês que são salvos procurem saber como e por que foram salvos. Vocês que têm esperança de salvação devem saber a razão da esperança que há em vocês (1Pedro 3:15). Estudem diligentemente as Escrituras. Nos dias dos puritanos[5] existiam vários

---

[5] O puritanismo foi uma corrente de cristãos calvinistas na Inglaterra no século 16 que buscava "purificar" a Igreja Anglicana, sendo reformadores mais radicais. Devolveram-se mais fora de seu país de origem.

28 O GRANDE EXÉRCITO DE DEUS

cristãos contemplativos, que se fechavam para estudar a Palavra do Senhor e assim se tornavam mestres em teologia. Talvez alguns não tenham sido tão práticos em ganhar almas como deveriam; mas agora estamos chegando ao polo oposto da bússola. Temos muitos que estão correndo e professando alimentar o povo; mas o que eles lhes dão? Onde está o seu pão, meu caro? "Oh, eu não poderia deixar essas pobres pessoas esperarem." E por que você não vai e enche sua cesta? Você não tem nada dentro dela. "Oh! Não tive tempo para fazer isso; eu queria ir e lhes dar" — Dar-lhes o quê? Dar a eles metade do nada que você trouxe? Isso não lhes fará nenhum bem. Não há nada como ter boas sementes no cesto ao sair para semear; e quando você vai alimentar os famintos, nada como ter um bom pão para lhes dar; e esse não pode ser o caso espiritualmente, a menos que sejamos estudantes diligentes da Palavra, a menos que pesquisemos as coisas profundas de Deus. Por todos os meios, avancemos as nossas forças para os recantos do país inimigo, mas protejamos as nossas comunicações e tenhamos uma base sólida e boa de conhecimento bíblico, caso contrário, danos ocorrerão às nossas forças dispersas. Sejam sempre animados, sejam intensos; mas vocês não podem manter o fogo aceso sem combustível nem podem manter a verdadeira intensidade e animação sem um conhecimento de Cristo e uma compreensão das coisas de Deus, "as quais coisas os anjos desejam bem atentar".

Agora, queridos amigos, aqueles de vocês que não têm nada a ver com esse assunto, eu gostaria que fossem embora pensando que, se um anjo se preocupa com essas coisas, e se um anjo as estuda, é hora de vocês fazerem o mesmo. Sei que você irá se formar na universidade, bom rapaz, e estou muito feliz por saber que provavelmente conseguirá uma boa posição na vida; mas espero que você não seja tão tolo a ponto de pensar que sabe mais do que os anjos; e se eles desejam investigar essas coisas, permita-me pedir-lhe que estude sua Bíblia, bem como todos os outros livros clássicos, pois ela é, afinal, o melhor clássico. Eu sei, caro senhor, que você é um pensador magistral; você pode formular muitas hipóteses e desmontá-las novamente; mas desejo, pelo menos uma vez, que você considere esta hipótese: que, talvez, você não seja tão sábio quanto os anjos. Eu não deveria me perguntar se essa hipótese deveria ser verdadeira. Muitas vezes tenho notado que as pessoas que criticam o evangelho não sabem o conhecem. Muitos se opõem à Bíblia, mas se lhes perguntassem: "Vocês já leram-na?", eles teriam de responder: "Não". Aquele que estuda a Palavra de Deus geralmente é conquistado por ela; ele se apaixona por ela e sente o poder dela. Então, como os santos anjos desejam investigar isso, por favor, investigue-a você mesmo, bom senhor; e, ao investigá-la, que Deus lhe conceda ver Jesus, pois todos os que olharem para Ele serão salvos para sempre (Isaías 45:22). Que você faça parte dessa companhia bendita, pelo amor do querido nome dele! Amém!

Sermão proferido em 25 de setembro de 1881.

2

O APRENDIZADO DOS ANJOS

Para que, agora, pela igreja, a multiforme sabedoria de Deus
seja conhecida dos principados e potestades nos céus.

EFÉSIOS 3:10

OS "principados e potestades nos céus" aos quais o apóstolo se refere aqui são, sem dúvida, os anjos. Esses espíritos resplandecentes e gloriosos, que nunca caíram em pecado, não precisavam ser redimidos e, portanto, no sentido de serem purificados da culpa, não têm participação no sacrifício expiatório de Cristo. No entanto, é interessante notar como nosso Senhor passou e repassou suas fileiras radiantes quando desceu rapidamente para as regiões da morte e quando voltou triunfante aos reinos da glória. Assim, em uma passagem das Escrituras "vemos [...] Jesus que fora feito um pouco menor do que os anjos, por causa da paixão da morte" (Hebreus 2:9), e em outra aprendemos que "Deus exerceu esse poder em Cristo, ressuscitando-o dos mortos e pondo-o à sua direita nos céus, acima de todo principado, e poder, e

32   O GRANDE EXÉRCITO DE DEUS

potestade, e domínio" (Efésios 1:20-21). É possível que a mediação de Cristo tenha influência sobre eles, e desde então os tenha confirmado em sua santidade, de modo que de forma alguma eles serão tentados ou levados ao pecado no futuro. Pode ser que sim, mas parece evidente que, embora não tivessem participação direta na redenção, sentem interesse por ela e devem ser instruídos pelos seus resultados. O sublime plano do evangelho da graça de Deus, que está tão absolutamente além do alcance de nossas faculdades naturais que nunca poderíamos entendê-lo por meio de uma investigação, parece ter estado igualmente além do alcance da inteligência dos anjos — um mistério que despertou sua ávida investigação — até que pela igreja (isto é, pelo conselho e conduta divinos na formação e no aperfeiçoamento da igreja) lhes foi dado conhecer a multiforme sabedoria de Deus como nunca a aprenderam antes. Eles mantiveram seu primeiro estado e foram obedientes às ordens de Deus. Eles se deleitam em ser conhecidos como servos de Deus, cumprindo seus mandamentos e dando ouvidos à voz de sua Palavra. Eles são designados para exercer algum tipo de poder sobre várias partes da criação de Deus, por isso são chamados de "principados e potestades". Certamente estão empenhados em cantar o louvor do Senhor (Apocalipse 4:8). Grande parte da música que se eleva diante do seu trono vem das harpas dos espíritos puros e imaculados que nunca conheceram o pecado. No entanto, embora sejam puros assim, ocupados na adoração assim, de posição tão eminente no universo de Deus, eles nunca são representados como espectadores indiferentes de qualquer coisa que nossa raça mortal possa fazer ou sofrer, mas sua empatia pelos seres humanos é constante. Eles não zelam pelos santos? (Hebreus 1:14) Não está escrito que "o anjo do Senhor se acampa ao redor dos que o temem? (Salmos 34:7) Não são eles encarregados de cuidar dos santos, de sustentá-los nas suas mãos, para que não tropecem nalguma pedra? (Salmos 91:12) Os anjos, sabemos, têm sido frequentemente mensageiros da vontade de Deus para os filhos dos homens. Eles

O APRENDIZADO DOS ANJOS **33**

nunca demonstraram qualquer relutância; pelo contrário, grande tem sido sua alegria em levar as novas de Deus do céu à Terra, e sua empatia até mesmo pelos seres humanos caídos, pelos humanos que pecaram gravemente e se desviaram, é demonstrada pelo fato de que há "alegria no céu por um pecador que se arrepende, mais do que por noventa e nove justos que não necessitam de arrependimento" (Lucas 15:7). Eles estão, por assim dizer, naquele navio dourado além, livre de tempestades; mas eles têm empatia por nós nesta pobre barca pesada, agitada pela tempestade e sem auxílio. Eu os vejo ali naquele mar de vidro misturado com fogo (Apocalipse 15:2). Ouço-os dedilhando suas harpas, enquanto incessantemente sua alegria sobe em música até o trono do Altíssimo. Eles, porém, não olham com desprezo para nós, pobres habitantes deste planeta sombrio. Pelo contrário, eles se deleitam em pensar em nós como seus irmãos, como seus conservos (Apocalipse 22:9), pois será a consumação de sua felicidade quando todos estivermos reunidos na igreja dos primogênitos (Hebreus 12:23), para que eles constituam o inumerável grupo de anjos que cercam a multidão lavada pelo sangue.

I

O tema da nossa meditação, que será breve, resume-se em uma questão: *quão exclusivamente por meio da igreja os anjos vêm para ver a multiforme sabedoria de Deus?* Mais adiante, teremos de falar sobre alguns outros assuntos relacionados a esse.

Quem pode duvidar que os anjos viram muito da sabedoria de Deus na criação? Com faculdades mais aguçadas e mais elevadas que as nossas, faculdades que nunca foram embotadas pelo pecado, eles podem perceber as várias inventividades da habilidade de Deus, tanto no mundo animado quanto no inanimado. Sem dúvida, à medida que cada nova estrela foi engendrada por Deus, à medida que cada planeta foi arrancado com

34 O GRANDE EXÉRCITO DE DEUS

golpes como uma faísca da bigorna eterna, os anjos, aqueles filhos da manhã, elevaram suas canções e jorraram seus hinos triunfantes de júbilo e regozijo. Eles viram a sabedoria de Deus na grandeza da criação; em todas as esferas, eles foram capazes de percebê-la, pois a visão deles é muito mais abrangente do que a nossa. E eles também viram, sem dúvida, essa sabedoria em toda a sua minúcia, manifestada na delicada estrutura dos seres ordenados e na hábil economia das operações do poder criativo, pois, como já foi dito, eles são capazes, de uma só vez e de forma exata, com uma capacidade ótica superior, de perceber o que só depois de longos anos conseguimos descobrir, e conseguimos pela reflexão desde a engenhosidade das obras até a excelência do *design*. Que escala de contemplação um serafim deve ter! Com que facilidade podemos imaginar um olho que absorva imediatamente a paisagem do mundo! Ele não precisa se limitar a um único lugar no universo de Deus, mas com asas rápidas ele pode navegar por toda parte, sobre o infinito do espaço. Não poderia ele parar aqui e acolá um momento, e com um olhar perscrutar a multiforme sabedoria de Deus em todos os dez mil milhares de mundos que circundam os reinos do espaço? No entanto, com toda essa facilidade de observação, parece que os anjos têm algumas partes da sabedoria de Deus para aprender e algumas lições da ciência celestial para estudar, as quais a criação não pode revelar à sua vista, para serem verificadas e certificadas por eles apenas por meio da obra transcendente de redenção que o Senhor realizou em sua igreja.

Fixe sua atenção por um momento na palavra "agora", conforme usada no texto. Nessa palavra, parece-me que grande parte do significado causa uma certa dúvida. Muito antes de nosso Senhor vir ao mundo, Deus teve o prazer de revelar um pouco da sabedoria de sua graça nos tipos da antiga lei. Estes eram cheios de significado, mas ao mesmo tempo não estavam isentos de perplexidade para a maioria das pessoas. Eles não pareciam muito inteligíveis, nem mesmo para os anjos, pois estes foram retratados como estando sobre o propiciatório, com as asas abertas, olhando para sua tampa dourada (Êxodo 25:20), indagando ansiosamente, mas sem descobrir claramente o segredo da dispensação da antiga aliança. Pedro diz, suponho que em alusão a isso, "as quais coisas os anjos desejam bem atentar" (1Pedro 1:12). Mas aqui, Paulo expõe ardentemente os anseios de seu coração no exercício de seu ministério, "demonstrar a todos qual seja a dispensação do mistério, que desde os séculos esteve oculto em Deus, que tudo criou; para que agora, pela igreja, a multiforme sabedoria de Deus seja conhecida dos principados e potestades nos céus" (Efésios 3:9-10). Não podemos inferir disto que, embora os anjos tenham visto Moisés e Arão, e a longa sucessão de sacerdotes que os seguiram, embora eles sem dúvida se misturassem invisivelmente nas reuniões solenes que subiam ao monte Sião e ouvissem os cânticos dos salmos gloriosos, embora eles vissem as torrentes de sangue que corriam no altar do holocausto e marcavam as nuvens de fumaça que subiam do altar do incenso que estava no lugar santo diante do Senhor, eles ainda não haviam descoberto a sabedoria de Deus em sua plenitude e clareza, o reflexo imaculado de seu poder, a imagem refletida de sua gloriosa perfeição; acaso eles deveriam aprender isso com a igreja? Desde que Cristo veio, os anjos são aprendizes da multiforme sabedoria de Deus, conforme revelada na sua obra para com o seu povo, preparando-o para aquele grande clímax, o desposar da igreja e o casamento do Cordeiro (Apocalipse 19:7).

Para nos familiarizarmos mais com o assunto, devemos investigá-lo progressivamente, como se os anjos prosseguissem seu aprendizado e adquirissem uma visão dessa multiforme sabedoria passo a passo. É possível que eles façam isso. Certamente entre os filhos dos homens há muito prazer em adquirir conhecimento; melhor é o seu comércio do que o comércio de prata, e o seu ganho do que o do ouro fino. À medida que gradualmente abrimos novos caminhos, deciframos o que é obscuro,

36 O GRANDE EXÉRCITO DE DEUS

filtramos analogias, resolvemos dificuldades e seguimos os rastros da história em uma linha contínua, nosso prazer pelo aprendizado chega ao êxtase. Vocês não acham que os anjos perceberam a multiforme sabedoria de Deus agora que começaram a entender o que o ser humano era e o que o ser humano é? Eles já devem ter percebido que Deus criou uma ordem de espíritos puros que o serviram fielmente e nunca pecaram. Havia uma forma de sabedoria demonstrada nisso. Outros espíritos, igualmente puros, desviaram-se, e na sabedoria de Deus, pois há sabedoria nela, eles foram tolerados para continuarem desviados, reservados em cadeias até o julgamento (2Pedro 2:4). Logo os anjos perceberam que Deus estava prestes a criar outra criatura inteligente, não totalmente espiritual, mas uma criatura espiritual que deveria estar ligada ao material, uma criatura que deveria habitar num corpo de barro; e que Deus pretendia fazer dessa criatura uma mistura de terra e céu — tal criatura que ocupasse o lugar que os anjos caídos haviam deixado vago. Eles discerniram nisso imediatamente a sabedoria de Deus. Ele formou um espírito puro; Ele criou substâncias materiais; agora Ele estava prestes a trazer à existência uma criatura na qual as duas coisas seriam combinadas, uma criatura que deveria ser espiritual e, ainda assim, material. Mas, antes que fosse permitido que essa criatura ocupasse para sempre o seu lugar à direita de Deus, deveria ser-lhe permitido passar no teste da tentação; sendo tentada, ela cairia em pecado; fora da condenação em que deveria afundar, ela deveria ser elevada por um ato de graça; da culpa desse pecado ela deveria ser purificada por um sistema incomparável de sacrifícios substitutivos; e então, depois de ter tido o coração alienado, ela, no entanto, tornar-se-ia tão pura como se nunca tivesse tido consciência do mal; e contaminada por ele, essa criatura deveria ser redimida e permanecer leal ao Altíssimo, para servi-lo com uma perfeição tão absoluta como se nunca tivesse transgredido ou perdido seu primeiro estado. Nisso há multiforme sabedoria, que o Senhor Deus fez uma criatura tão estranha, formada do pó da terra, e

O APRENDIZADO DOS ANJOS 37

ainda assim criada à imagem de Deus; uma criatura que conheceria o pecado e qualquer prazer que possa haver nele, e ainda assim seria restaurada à pureza e santidade; uma criatura que, embora por algum tempo estivesse com o coração alienado e fosse culpada de se rebelar com arrogância contra seu Criador, retornaria à sua lealdade por meio da operação infinitamente sábia do Espírito de Deus, e a partir de então seria para sempre o súdito leal de Deus, e algo mais, o filho de Deus, elevado e exaltado a uma proximidade de conexão e intimidade de comunhão com o Grande Pai dos espíritos, para o qual nenhuma criatura jamais havia sido trazida antes. Nesse grande desígnio, os anjos devem ter visto muito da sublime sabedoria de Deus, e isso visivelmente por intermédio da igreja.

Contudo, irmãos, não pode a admiração dos anjos pela revelação de tal sabedoria ter sido aumentada pelo mistério no qual ela esteve por muito tempo impossibilitada de ser apreendida por eles? Observem que Paulo estava exultante com um mistério, "o qual noutros séculos não foi manifestado aos filhos dos homens, como agora tem sido revelado pelo Espírito" (Efésios 3:5). O que Paulo fará com isso? Primeiro, ele olha em volta entre os santos e expressa um sentimento de grata recepção desse mistério; então ele olha para seus semelhantes entre os homens e proclama a revelação aos gentios; por fim, ele olha para cima e avista entre a multidão angelical criaturas de mente nobre e posição elevada, as quais poderiam comungar com a alegria e saudar a solução de um problema tão grande. Lembrem-se de que o decreto já havia sido proclamado do trono do Altíssimo; pois, "quando outra vez introduz no mundo o primogênito, diz:'E todos os anjos de Deus o adorem'" (Hebreus 1:6); contudo, os meios pelos quais os conselhos de Deus a respeito de Cristo e da igreja deveriam ser levados a efeito ainda não haviam sido mostrados. Com que agradável admiração, portanto, os principados e as potestades nos céus observariam atentamente o plano enquanto este era desvelado! Como poderia o apóstolo esperar pelas eras vindouras que ainda não provaram

38   O GRANDE EXÉRCITO DE DEUS

a realidade de tudo o que fora prefigurado; a verdade de tudo o que fora profetizado; e (tendo a obra agora em andamento sido concluída) a forma e o estilo reais de tudo o que desde o início fora predestinado. Mesmo que o mistério permanecesse inexplicável, não cabia às mentes angelicais puras duvidar; ainda assim, seus pensamentos devem ter sido cheios de admiração, e perguntas surpreendentes devem ter-lhes ocorrido. Deverá o Filho unigênito do Pai colocar a natureza do ser humano em união com a Divindade? É seguro colocar uma criatura como o ser humano em um relacionamento tão sublime com o Criador? Será que o orgulho nunca lhe inflamará o peito nem provocará a transgressão da sua alma? Por qual estranho processo o ser humano será preparado para participar da herança dos santos na luz? Enquanto os detalhes estão ocultos, o destino parece incompreensível. É desse modo que a igreja se torna como um museu que os anjos podem visitar com interesse e deleite cada vez maiores; eles podem se debruçar com prazer sobre os mínimos detalhes da obra divina nos santos; pois ali eles começaram a observar, por meio da igreja, a multiforme sabedoria de Deus. E tudo isso resulta na glória do Salvador.

Essa criatura, o ser humano, quando assim elevado, nunca pode se orgulhar, pois se lembra do que era. Se alguma vez o sentimento de exultação passar pela sua mente, ele transfere a honra para Cristo, que pode recebê-la com o seu devido direito. De todas as criaturas, não uma mais destituída do que o homem, embora nenhuma, mesmo no céu, seja mais elevada que ele; feito para ter domínio sobre todas as obras das mãos de Deus, com todas as coisas colocadas sob seus pés (Gênesis 1:26, 28), feito para ser semelhante à própria Deidade, em virtude da união com o Filho de Deus (João 1:12), e ainda assim seguro para permanecer ali, sem motivo para temer que ele deve perverter sua alta prerrogativa ou usurpar qualquer adoração ou prerrogativa que não lhe pertença. O processo pelo qual ele passou, seu recozimento, por assim dizer, no fogo de sua queda e de seu arrependimento, suas profundas obrigações para com a graça soberana, assegurarão que ela se sentará com Cristo em seu trono, assim como Cristo também venceu e se assentou com seu Pai no trono dele (Apocalipse 3:21). Falo dessas coisas de maneira tênue e superficial, mas estou convencido de que esse é um assunto no qual os anjos podem pensar com fascinação e, ao refletirem sobre ele, veem provas inequívocas da multiforme sabedoria de Deus.

Voltando a tópicos mais familiares, provavelmente vocês ficarão mais impressionados com a excelência dessa sabedoria ao examinar os primeiros princípios do cristianismo do que ficariam se prendessem sua atenção em quaisquer refinamentos de raciocínio. A sabedoria de Deus é claramente vista pelos anjos nisto: embora Deus tenha sido desonrado neste mundo pelo pecado, esse pecado redundou em sua maior honra. Satanás, quando desencaminhou os seres humanos e os tentou a se rebelarem (Gênesis 3:1-7), pensou que havia manchado a glória de Deus, mas ele não poderia ter se enganado de maneira mais equivocada. Como Agostinho se aventurou a dizer sobre a queda: "Feliz pensamento", assim, quando vemos como a misericórdia de Deus e seu amor brilharam resplandecentes através daquela terrível brecha; só podemos admirar a sabedoria de Deus que superou assim a sutileza do inferno. A serpente era extremamente sábia, mas Deus era muito mais sábio. A artimanha de Satanás era perspicaz, mas a sabedoria de Deus era infinita em sua presciência. A sabedoria superou a artimanha. Não é glorioso pensar que este mundo onde Deus foi mais desonrado é o mundo onde Ele será mais reverenciado? Não existe tal manifestação dos atributos e das perfeições de Deus em todo o universo além da que existe aqui. Em nosso solo devastado, Deus enfrentou o mal moral. Deus encarnado, o Filho de Deus, suportou o conflito e obteve a vitória, pois enquanto o calcanhar de Cristo foi ferido, a cabeça da serpente foi quebrada de forma mais efetiva (Gênesis 3:15)! Um triunfo que Deus deseja que comemoremos no tempo e

40 O grande exército de Deus

na eternidade veio por intermédio do pecado que ameaçou a destruição do mundo.

A sabedoria de Deus pode ser vista na maneira como nossa redenção foi realizada. A doutrina da substituição é uma maravilha que, se Deus nunca tivesse revelado, nenhum de nós poderia, de forma alguma, ter descoberto. Vocês se lembram como foi. Havíamos pecado e estávamos condenados. Como Deus poderia ser gracioso e ainda assim ser justo? Como Ele poderia guardar sua lei e ao mesmo tempo mostrar sua misericórdia para conosco? Antigamente esse problema fora resolvido pela fiança de Cristo (Hebreus 7:22). Aquele que decidiu tornar-se homem (João 1:14), desde antes da fundação do mundo, assumiu nosso lugar (1Pedro 1:20) e ofereceu-se, em aliança, a Deus como o cabeça da raça para que pudesse recompensar a lei violada. Os anjos não poderiam ter conjecturado isso, mas quando lhes foi dado a conhecer, como eles poderiam abster-se de entoar novos cânticos em louvor àquele que poderia assumir uma responsabilidade tão amorosa?

Logo depois de Cristo se tornar nosso fiador, foi necessário que Ele tomasse sobre si a nossa natureza. Oh, quão surpresos não ficaram os anjos ao ouvirem que o Filho de Deus desceria à Terra para nascer de uma virgem (Lucas 1:31–35)! Que admiração deve ter havido quando foi feito o anúncio por meio das coortes do Paraíso de que Jesus desceria para Belém! Um dos anjos enviados para acompanhá-lo proclamou sua chegada, e ao fazer o anúncio, "no mesmo instante, apareceu com o anjo uma multidão dos exércitos celestiais", que agora veio para engrossar o coro: "Glória a Deus nas alturas, paz na terra, boa vontade para com os homens" (Lucas 2:13-14). O crescendo daquela música, que grandioso! A cadência daquelas palavras simples, que encantadora! Sim, os anjos devem ter descoberto algo da sabedoria de Deus quando viram que Ele habitou entre os seres humanos, que o Verbo se fez carne para ser capaz de cumprir seus compromissos de fiador e realmente se tornar um substituto

O APRENDIZADO DOS ANJOS **41**

para aqueles que haviam transgredido. Acho que toda a vida de Cristo deve tê-los impressionado. Os anjos devem ter frequentemente observado sabedoria nas ações dele, no seu falar e no seu silêncio; mas, quando finalmente Ele morreu, acho que até querubins e serafins ficaram maravilhados. Jesus descer do céu e se tornar amigo da raça caída poderia surpreendê-los muito; mas o fato de Ele se rebaixar para morrer por essa mesma raça deve ter parecido totalmente incompreensível. Algo mais do amor e da sabedoria de Deus ainda deveria ser-lhes revelado. Acho que nosso hino deve descrever adequadamente como os anjos se reuniram em torno daquela cruz:

> E poderiam seus olhos terem conhecido uma lágrima,
> Eles deveriam tê-la derramado ali.

Quando eles contemplaram as dores e os tormentos do Filho de Deus morrendo, o divino Cordeiro pascal (1Coríntios 5:7), quando o ouviram dizer: "Está consumado!" (João 19:30), que porta deve ter sido aberta para eles! Eles viram então que Ele havia acabado com a transgressão, dado fim ao pecado e trazido uma justiça eterna; e então, talvez, eles viram mais claramente do que antes como Cristo, pelo sofrimento, pôs fim aos nossos sofrimentos e, ao se fazer maldição por nós (Gálatas 3:13), tornou-nos a justiça de Deus nele (Romanos 3:22). Se eles ficaram maravilhados durante os três dias de seu sono no túmulo (1Coríntios 15:4), a ressurreição deve ter aberto ainda outra porta para eles. E, depois da estada de quarenta dias de Cristo (Atos 1:3), eles vieram ao encontro dele com alegre aclamação, quando se juntaram a Ele e com Ele cavalgaram até os portões do céu, cantando: "Levantai, ó portas, as vossas cabeças; levantai-vos, ó entradas eternas, e entrará o Rei da Glória" (Salmos 24:7); quando eles triunfaram com "o Senhor poderoso na batalha, o Rei da glória", naquela procissão ao trono, eles ainda devem ter ficado cada vez

42 O GRANDE EXÉRCITO DE DEUS

mais surpresos e disseram uns aos outros: "Que coisa é esta; que maravilha poderosa! Aquele que se tornou homem para sofrer é aquele que agora surge para reinar; aquele que nasceu para morrer agora vive para sempre. Eis que Ele agora é o cabeça de todas as coisas e foi criado para ter domínio sobre todas as obras das mãos de Deus (Efésios 1:21-22), pois ao Pai agradou que nele habitasse toda a plenitude!" (Colossenses 2:9-10). Assim, irmãos, embora o tempo e a voz me faltem, permitam-me dizer que toda a história de nosso bendito Senhor, que é o Cabeça da igreja (Colossenses 1:18), está revelando aos principados e às potestades nos céus a multiforme sabedoria de Deus de tal maneira que eles nunca poderiam ter visto de outra forma.

A sabedoria de Deus é vista por intermédio da igreja na obra do Espírito Santo, bem como na obra de Cristo. É "multiforme sabedoria". Vocês conhecem aquele brinquedo infantil, o caleidoscópio. Cada vez que você o vira, há uma nova forma de beleza. Você raramente vê a mesma forma duas vezes. Assim é com a natureza: cada época e estação tem sua beleza especial. Sempre há variedade em seu cenário; diversidades de formas e cores estão espalhadas por todo o mundo. Vocês nunca viram duas colinas moldadas no mesmo padrão, ou dois rios que serpenteavam da mesma maneira desde sua nascente até o mar; a natureza é cheia de variedade. Assim é a obra do Espírito Santo. Ao chamar pecadores a Cristo, há unidade de propósito, mas não uniformidade de meios. Sua conversão, meu querido amigo, em linhas gerais, é muito parecida com a minha, mas sua conversão tem seus incidentes distintos. A sabedoria de Deus é demonstrada igualmente ao trazer você dessa maneira, e a mim de outra. Acredito que serão encontradas evidências da sabedoria de Deus na mesma data, no mesmo lugar, nos próprios meios pelos quais toda alma é levada a crer em Jesus, e os anjos poderão, sem dúvida, perceber em cada conversão algumas marcas singulares de bela originalidade procedentes do inesgotável Artista da Graça, o Espírito Santo. Essa mesma sabedoria será vista na biografia de cada convertido — como o Senhor aflige ou como conforta; como nos sustenta, como afasta aquilo que ainda não pode ser suportado, como nos conduz gentilmente, como nos faz repousar. Às vezes encontramos falhas no caminho da Providência porque não o compreendemos; quando tivermos uma visão mais clara disso, veremos que cada marca e linha foram ditadas por seu amor e ordenadas por seu conselho infinito. À medida que cada cristão for conformado à semelhança de Cristo, os anjos verão nos frutos da graça novas manifestações da multiforme sabedoria de Deus. Eu poderia supor que a morte de um mártir deve ser um espetáculo que aqueles santos vigilantes consideram com extraordinário interesse. Não teriam eles se reunido em torno de uma mulher como Blandina,[6] por exemplo, que foi obrigada a sentar-se numa cadeira em brasa, depois de ter sido atirada sobre os chifres de um touro selvagem, mas constante até o fim, ela manteve sua fé em Cristo enquanto passava pela tortura? Por mais puros que fossem, devem ter lamentado a angústia física e admirado o triunfo espiritual daquela frágil mulher, tão devotada em seu amor ao seu Senhor e Mestre. Sim, vocês, espíritos ministradores, vocês que vivem para servir nosso Rei Eterno, certamente devem se regozijar com a lealdade daqueles servos dele que morrem por sua verdade. Nos últimos anos, desde que esta casa de oração foi construída, quando os mártires de Madagascar foram queimados em estacas por causa de Cristo, enquanto permaneciam eretos no fogo e cantavam,[7] os anjos, vocalistas celestiais como são, devem ter sido arrebatados por uma música que eles não conseguiam imitar; e quando sussurraram a oração: "Em tuas mãos entregamos os nossos espíritos", os anjos quase devem ter invejado a capacidade daqueles mártires de servir a Deus

---

[6] Blandina (162-177) foi uma jovem escrava que viveu na Gália, atual França, no segundo século. Morreu em uma perseguição aos cristãos.

[7] Cristãos malgaxes foram perseguidos e torturados pela rainha Ranavalona I, de Madagascar, entre as décadas de 1830 a 1840.

44   O grande exército de Deus

naquela esfera de sofrimento e a possibilidade de trazer em seus corpos as marcas do Senhor Jesus. Sim, e quando eles viram a ousadia e constância de vocês, sua abnegação e sua paciência, e ouviram suas orações e gemidos insistentes, enquanto vocês imploravam pelas almas de outros, procurando com lágrimas trazer outros a Jesus, eu não duvido que eles tenham atribuído à multiforme sabedoria de Deus a produção de frutos tão deliciosos de criaturas tão inferiores, frutos que trazem ao seu nome tanta glória e tanto renome à sua graça. Em todos os santos, ao longo da história da sua vocação e do desenvolvimento da sua santificação, os anjos podem discernir a multiforme sabedoria de Deus.

II

Mas perguntem agora: *os anjos se beneficiam de alguma coisa por meio da igreja de Deus?*

Eu acho que sim. Certamente eles adquirem maior conhecimento. Para nós, o conhecimento às vezes é tristeza. Saber muitas vezes é lamentar. O que os olhos não veem, o coração não sente. "Onde a ignorância impera" — e às vezes acontece — há aqueles que pensam que "é loucura ser sábio". No entanto, a ignorância não impera no céu. O conhecimento aumenta a alegria dos anjos, e direi o motivo: porque o conhecimento os faz sentir maior prazer em Deus ao verem quão sábio e gracioso Ele é. Se for possível que os anjos sejam mais felizes do que a inocência natural e o serviço honroso podem torná-los, eles devem ser mais felizes por conhecerem e verem mais de Deus, à medida que seus atributos são refletidos e suas perfeições são refletidas na igreja.

Os anjos, penso eu, serão enriquecidos pela sociedade dos santos no céu. As trocas sempre enriquecem, e a troca entre as naturezas angélica e humana será enriquecedora para ambas. Eles amam no céu: mostram seu amor regozijando-se com os que se arrependem. Eles ficarão felizes em

O APRENDIZADO DOS ANJOS **45**

nos ver lá. Acredito que eles nos terão em grande conta, assim como fazemos quando alguma criança pobre é resgatada e depois cresce honrada; gostamos de pensar em tal pessoa; traz lágrimas aos nossos olhos porque nosso pai fez uma ação tão boa pelo órfão, pelo indigente ou pelo marginalizado. E não se regozijarão os anjos por aqueles em quem a misericórdia do Pai operou uma felicidade tão maravilhosa?

Repito: na minha imaginação (pode ser ilusório?) os anjos são beneficiados pela igreja porque por intermédio dela se aproximam mais do trono de Deus do que antes. Outra ordem de seres, a saber, a nossa, está mais elevada. Certamente quando uma criatura se aproxima de Deus, todas as criaturas não caídas são promovidas. A união vital de Deus com a criatura não seria concebida até que Cristo descesse à Terra e se revestisse de humanidade, elevando assim a condição de criatura para mais perto de Deus exatamente nessa medida; portanto, os anjos, por inferência, parecem-me interessados na honra que o Senhor atribuiu às suas obras — as obras dotadas de sua própria natureza.

Vocês não acham também que talvez eles possam ver Deus melhor em Cristo do que antes? Não é possível que mesmo aqueles que antes velaram o rosto com as asas na presença do Todo-poderoso, porque o brilho da glória era excessivo (Isaías 6:2), possam agora ficar com o rosto descoberto e adorar a Deus em Cristo? Eu acho que é assim. Eles nunca viram muito de Deus antes até que o viram velado em carne humana. Havia um esplendor muito deslumbrante para eles até que o meio interposto da humanidade de Cristo se interpôs entre eles e a Deidade absoluta. Pode ser que sim.

E não pode haver um sentimento reflexo de gratidão no próprio coração dos anjos quando eles nos veem no céu, ou enquanto nos veem caminhando para lá, ao perceberem o que teria custado tê-los restaurado se tivessem sido enganados pelo pecado e, portanto, que devedores eles são a Deus por nunca terem sofrido a queda? Isso não torna seu estado e

46 O GRANDE EXÉRCITO DE DEUS

posição cada vez mais alegre para eles quando veem em nós como os justos dificilmente são salvos, e a que custo os seres humanos foram levantados das ruínas da morte e da terrível condenação dos condenados? Ora, creio que eles não dizem uns aos outros, como faziam os fariseus: "Ó Deus, graças te dou, porque não sou como os demais homens" (Lucas 18:11). Não; eles dizem, com humildade de coração: "Nós te bendizemos, ó Deus, porque nos foi permitido permanecer em nossa fidelidade, e não fomos deixados à fraqueza natural que poderia ter sucumbido à tentação, pois até mesmo nos teus anjos tu encontras loucura (Jó 4:18), mas tu nos mantiveste, e aqui estamos para bendizer o teu nome". Pode ser que seja assim; pode ser que seja assim.

III

Deixe-me segurá-los por mais um minuto, enquanto respondemos à pergunta: *o que é tudo isso para nós?*

Não deveria isso nos fazer valorizar o evangelho? Se os anjos pensam tanto nisso, oh! o que devemos pensar? Se aqueles que apenas o viram o consideram assim, como deveríamos nós valorizá-lo, aqueles que o provaram? Se admiram as veias que encheram de sangue a fonte da salvação, o que diremos nós que nos lavamos naquela fonte? Se eles se admiram com Cristo, que não assumiu a natureza dos anjos, como admiraremos aquele que uniu-se com a casa de Abraão e a semente de Adão? Apreciemos o evangelho além de qualquer preço, recompensa ou honra.

Como também deveríamos aprendê-lo, se ele é a pesquisa de intelectos angelicais! É a igreja o livro escolar deles, de onde aprendem lições da sabedoria divina, pois nenhuma ciência é igual à sabedoria de Deus em Cristo revelada em sua igreja? Ó convertidos, não sejam ignorantes da Palavra de Deus; não se esqueçam das operações de Deus em suas próprias almas! Os anjos desejam perscrutar essas coisas. Vocês as perscrutam?

O APRENDIZADO DOS ANJOS **47**

Bem-aventurados serão se permanecerem no aprendizado da Palavra de Deus! Vocês serão como árvores plantadas junto a ribeiros de águas, que dão os seus frutos na estação própria (Salmos 1:3). Empreguem todas as capacidades que vocês possuem para adquirir conhecimento crescente daquilo que os anjos gostam de aprender.

E agora, tenham coragem, vocês, fracos de espírito, e nunca mais temam o escárnio daquele que chama o evangelho de tolice. Considerem-no vítima da tolice aquele que despreza essa multiforme sabedoria. Devo comparar o julgamento de um pobre mortal insignificante com o julgamento de um anjo? Suponho que atém mesmo Newton,[8] Kepler,[9] Locke[10] e aqueles poderosos pensadores eminentes seriam meros bebês se comparados aos serafins. Esses grandes homens adoravam estudar as Escrituras, e quando seus modernos pretendentes a um lampejo de filosofia chegam e zombam de nosso santo evangelho, podemos muito bem nos dar ao luxo de zombar deles. Quais são os seus escárnios para nós? Geralmente a ignorância é proporcional à imprudência quando se metem com o evangelho. Acho que foi Hume[11] quem confessou que nunca tinha lido o Novo Testamento e disse que nunca o leria; no entanto, ele foi um dos mais loquazes em criticar aquilo de que ele nada conhecia. Ah! vocês, céticos, sabe-tudo e escarnecedores, podemos perfeitamente permitir a vocês reclamarem; mas vocês não podem se dar ao luxo de reclamar

---

[8] Isaac Newton (1643-1727) foi um matemático, físico, astrônomo, teólogo, polímata e autor inglês, amplamente reconhecido como um dos cientistas mais influentes de todos os tempos e como uma figura-chave na Revolução Científica.

[9] Johannes Kepler (1571-1630) foi um astrônomo/astrólogo, matemático e compositor alemão. Considerado figura-chave da Revolução Científica do século 17.

[10] John Locke (1632-1704) foi um filósofo inglês e um dos mais influentes pensadores do Iluminismo, conhecido como o "pai do liberalismo", sendo considerado o principal representante do empirismo britânico e um dos principais teóricos do contrato social.

[11] David Hume (1711-1776) foi um filósofo, historiador, economista, bibliotecário e ensaísta do Iluminismo escocês, mais conhecido hoje por seu sistema altamente influente de empirismo filosófico, ceticismo e naturalismo.

48   O GRANDE EXÉRCITO DE DEUS

quando os anjos ficam maravilhados, e vocês também ficariam se houvesse algo angelical em seu temperamento, ou algo de justa sabedoria em suas realizações.

Por último, se assim for, como deveríamos amar a Cristo, nós que possuímos interesse pela salvação, e como deveriam tremer aqueles que não o possuem! Homens não salvos, mulheres não salvas: se é necessária a multiforme sabedoria para salvar as pessoas, então a ruína delas deve ser muito grande, e o seu perigo deve ser muito iminente. Se os anjos ficam surpresos ao ver como Deus salva, deve ser uma terrível destruição da qual Ele os salva. Essa destruição está vindo sobre vocês; suas sombras escuras já começaram a se reunir ao seu redor. Como é grande a sua tolice em recusar uma salvação tão sábia, em rejeitar um Salvador tão atraente como Jesus! Pensem na gentileza amorosa dele e considere a maneira simples como Ele salva — creiam e vivam. Os recursos necessários para a sua salvação estão todos disponíveis. Não há nada a ser feito; está tudo completo. Não há nada para ser encontrado; está tudo pronto. A salvação está concluída. Que tolo deve ser aquele que não aceita isso! Ó, estenda sua mão atrofiada e pegue-a! Que Deus dê poder a você. Se você disser "Como?", eu respondo assim: Confie! Confie! Confie! Venha e confie em Cristo. Confie em Cristo, e Ele o salvará. Deus lhe conceda graça para fazê-lo imediatamente, e Ele receberá o louvor. Amém!

SERMÃO PROFERIDO EM 30 DE ABRIL DE 1870.

3

ANJOS CAÍDOS : UMA LIÇÃO PARA HUMANOS CAÍDOS

Deus não perdoou aos anjos que pecaram, mas,
havendo-os lançado no inferno, os entregou às cadeias
da escuridão, ficando reservados para o juízo.
2PEDRO 2:4

"ISSO é notícia velha." A maioria das pessoas tem fome das últimas notícias; nesta ocasião, voltemos aos registros mais antigos e pensemos no passado, antes de o ser humano ser criado. Faz-nos bem olhar para trás, para o passado das relações de Deus com as suas criaturas; aqui reside o valor da história. Não deveríamos limitar a nossa atenção à forma como Deus lida com os seres humanos, mas deveríamos observar como Ele age em relação a outra ordem de seres: como Ele lidou com os anjos antes que o ser humano se tornasse o segundo pecador. Se os anjos transgridem, qual é o procedimento de Deus para com eles? Este estudo ampliará nossas mentes e nos mostrará grandes

50 O grande exército de Deus

princípios em sua extensão mais ampla. Inevitavelmente cometeremos erros no nosso julgamento quanto à conduta de Deus para com os seres humanos se não nos lembrarmos suficientemente de como Ele lidou com seres que são, em certos aspectos, muito superiores à raça humana. Ao vermos como Deus tratou os anjos rebeldes, pode-se lançar luz sobre o seu lidar conosco, e assim os equívocos podem ser removidos.

Iremos ao nosso assunto imediatamente, pedindo ajuda ao Espírito de toda graça. Veremos primeiro o fato misterioso da queda dos anjos e sua expulsão como uma advertência para nós. Então, em segundo lugar, consideraremos o fato da condenação sem esperança dos anjos que pecaram, em contraste com a incrível misericórdia do Senhor para com os seres humanos. Assim, nosso segundo tópico nos levará a contemplar o texto para nossa admiração: espero que isso aumente nosso grato amor e reverente admiração.

I

Primeiro, então, vamos considerar nosso texto *como uma advertência para nós*: "Deus não perdoou aos anjos que pecaram, mas, havendo-os lançado no inferno, os entregou às cadeias da escuridão, ficando reservados para o juízo". Eis aqui um portento de iniquidade: os anjos pecam; um portento de justiça: Deus não os perdoou; um portento de punição: Ele os lançou no inferno; um portento de vingança futura, pois eles estão reservados para o juízo! Aqui estão temas profundos e terríveis. Negros como uma tempestade são os fatos, e deles surgem relâmpagos terríveis.

Recebamos uma advertência, em primeiro lugar, contra o engano do pecado, pois quem quer que sejamos, nunca poderemos considerar que, devido à nossa posição ou condição, estaremos livres dos ataques do pecado, nem mesmo certos de não sermos vencidos por ele. Observem que aqueles que pecaram eram anjos no céu, de modo que não há

ANJOS CAÍDOS : UMA LIÇÃO PARA HUMANOS CAÍDOS **51**

segurança necessária na posição santíssima. Sabemos que eles estavam em lugares celestiais, pois foi daquela morada elevada que foram lançados ao inferno, pela terrível mão direita do Rei Eterno. Esses anjos, que não guardaram seu primeiro estado, mas pecaram contra Deus, habitaram com seus irmãos nas cortes do Altíssimo; eles pareciam estar, por assim dizer, cercados de fogo que impedisse a entrada de todo o mal. Suas comunicações eram apenas com espíritos perfeitos como eles; mas, ainda assim, ao passarem por uma provação, foram capazes de escolher o mal, se quisessem, ou de se apegarem ao bem, se seus corações estivessem firmes com Deus. Não havia ninguém entre eles para tentá-los ao mal; eles estavam, pelo contrário, cercados de toda influência boa e santa: eles viam a Deus e residiam em suas coortes, conversavam com serafins e querubins. Seus compromissos diários eram todos de ordem sagrada; adoração e serviço eram seu dever e deleite. Suas companhias eram perfeitas; não havia classes corrompidas entre eles que tornassem impura a atmosfera moral. Eles não estavam apenas em um paraíso, mas na morada central do próprio Deus. No entanto, o mal entrou no coração dos anjos — até mesmo a inveja, a ambição, o orgulho, a rebelião; e eles caíram; tombaram para nunca mais se levantarem,

> No alto da multidão resplandecente e feliz,
> Satanás, um alto arcanjo, estava assentado;
> Entre as estrelas da manhã ele cantou,
> Até que o pecado destruiu seu celestial estado.
>
> Foi o pecado que o derrubou de seu trono.
> Rastejando no fogo, o rebelde está mentindo:
> "Como está afundado na escuridão,
> Ó Filho da manhã, desde o firmamento!"

Amado ouvinte, isto deve nos ensinar a não presumir nada relacionado à nossa posição aqui embaixo. Você pode ser filho de pais piedosos que cuidam de você com cuidado diligente, e ainda assim pode crescer e se tornar um filho de Belial. Você pode nunca entrar em um antro de iniquidade, seus percursos podem ser apenas de ida e volta para a casa de Deus e, ainda assim, você pode ser um escravo da iniquidade. A casa em que você habita pode não ser outra senão a casa de Deus, e a própria porta do céu se abre por meio das orações de seu pai, e ainda assim você pode viver para blasfemar. Sua leitura pode estar ligada à Bíblia; seus companheiros podem ser dos melhores; seu falar pode ser a respeito de coisas santas; você pode viver como se estivesse no jardim do Senhor: fechado nele com tudo o que é bom, e tudo o que é mal mantido fora; e ainda assim você pode não ter parte nem sorte com o povo de Deus. Assim como houve um Cão e um Canaã ímpios até mesmo na arca de Noé, pode acontecer que você seja como tais no próprio meio de tudo o que deveria torná-lo gracioso e santificado. É realmente infeliz ler as histórias de algumas pessoas e encontrar que deixaram o lado de sua mãe — deixaram o lugar onde o pai se ajoelhava para orar, deixaram a companhia de irmãos e irmãs cuja vida santa não era apenas inquestionável, mas até mesmo notável — e se tornaram alguns dos principais em todas as formas de maldade. Muitos dos inimigos da cruz de Cristo foram tão treinados na santidade que achamos difícil acreditar que possam realmente ser tão vis. Eles pareciam ser filhos de Deus, mas acabaram por ser filhos da perdição. Que ninguém, portanto, se levante orgulhosamente, como se nenhum pecado pudesse prendê-lo, porque se sente um verdadeiro Sansão diante de suas conexões e circunstâncias. Sim, caro irmão, pode ser que você caia — caia sujamente, caia desesperadamente, a menos que a graça de Deus esteja em você —, caia de tal modo que nunca mais chegue a Deus e a Cristo nem encontre a vida eterna. Foi assim com esses anjos. A melhor coisa natural que a criação pode realizar não é suficiente para preservar a criatura inconstante do pecado: a regeneração deve ocorrer — a obra do Espírito Santo, uma obra ainda mais elevada do que o

ANJOS CAÍDOS: UMA LIÇÃO PARA HUMANOS CAÍDOS **53**

poder criador material de Deus, ou então pode-se colocar a criatura onde bem quiser, e essa criatura pode ser perfeita, e ainda assim o pecado irá alcançá-la e destruí-la. Você e eu estamos longe de sermos perfeitos. Não somos anjos não caídos: não somos anjos de forma alguma; pelo contrário, temos corações maus dentro de nós; portanto, não imaginemos nem por um momento que a posição mais elevada possa nos proteger do pior dos pecados.

O próximo pensamento é que a maior habilidade possível, aparentemente consagrada, ainda não é nada em que possamos confiar como razão pela qual ainda não poderíamos cair tão baixo a ponto de prostituir tudo ao serviço do pior dos males. Os anjos são seres de poder notável. Sabemos que eles têm uma inteligência e uma beleza incríveis. Lemos sobre alguém cujo rosto era como o de um anjo de Deus (Atos 6:15). Quando se diz que algo é extremamente bom, muitas vezes está relacionado com os anjos: "Comeu cada qual o pão dos anjos" (Salmos 78:25). Supõe-se que tudo o que lhes diz respeito seja de ordem superior e de qualidade refinada. Suponho que um espírito que não está sobrecarregado de carne e sangue como nós deve ser liberto de muitas coisas que atrapalham e obscurecem. Muitas vezes, um julgamento claro é ofuscado por uma dor de cabeça ou por uma profunda indigestão. Qualquer coisa que afete o corpo arrasta a mente; mas esses seres angélicos são libertos de tal fraqueza e são revestidos de uma glória de força, beleza e poder.

Então ouçam e observem! Por maior que fosse Lúcifer, ele degenerou-se em Satanás: o Filho da Manhã (Isaías 14:12) tornou-se Apoliom, o Destruidor (Apocalipse 9:11). Por mais excelentes que tenham sido os anjos caídos, agora eles se tornaram poderosos apenas para o mal; sua sabedoria se transformou em astúcia, e sua força se transformou em uma força malévola; desse modo, ninguém poderá dizer sobre si mesmo: "Tenho pensamentos lúcidos, portanto nunca me tornarei um infiel blasfemador"; ou: "Tenho um dom para orar, portanto nunca me tornarei um

54 O GRANDE EXÉRCITO DE DEUS

blasfemador". Você não sabe o que pode se tornar. Há uma grande diferença entre o dom para orar e a graça no orar: o dom gerará orgulho, e o orgulho garantirá a destruição; é somente a graça que pode preservar para a glória eterna. Também existe uma grande diferença entre cargo e pessoa; portanto, uma pessoa não pode dizer: "Eu sou um pastor: Deus me manterá firme em sua igreja". Ah, o eu! Temos visto líderes desviarem-se e não precisamos nos admirar; pois se os anjos caem, quem pensará que pode permanecer de pé? Confiar em nosso cargo como segurança é descansar sobre uma cana quebrada. A graça de Deus pode guardar os menores e os mais fracos de nós; mas, à parte desse poder celestial, como alguém ousa esperar ser preservado até o fim? A autoconfiança é o início do declínio. Aquele que considera que já venceu a tentação já está enredado em sua rede. Nunca devemos nos atrever. Os anjos caíram: por que os seres humanos não cairiam? Um anjo ocupa uma posição elevada perto do trono de Deus: "Não são, porventura, todos eles espíritos ministradores?" (Hebreus 1:14). Temos evidências nas Escrituras de que eles são chamados em grandes ocasiões para cumprir altas comissões para o Rei dos reis. E ainda assim esses membros da coorte, esses mensageiros domésticos do palácio celestial, esses domésticos da glória, mesmo eles se desviaram, e caíram, e se transformaram em demônios. Que ninguém sonhe que, por ocupar um cargo na igreja, sua salvação está segura: um apóstolo caiu. As flechas do príncipe das trevas podem atingir os assentos mais altos da sinagoga. Os lugares altos do campo de serviço não estão isentos de perigo; não, eles são tanto mais perigosos quanto mais notáveis. Os poderes das trevas atacam de forma mais terrível os primeiros soldados da cruz na esperança de derrubar os porta-estandartes e criar confusão em todo o acampamento.

Queridos amigos — para continuar minha advertência —, nem mesmo nenhum de nós deve supor que iremos ser poupados pelo simples fato de estarmos engajados no cargo mais sublime possível. Além do milagre perpétuo da graça de Deus, nada pode nos impedir do declínio, da apostasia e da morte espiritual. "Ah, mas eu gasto meu tempo", alguém pode dizer — "eu gasto meu tempo inteiramente no serviço de Deus! Vou de porta em porta em busca das almas perdidas das pessoas, como um missionário urbano"; ou "Sou responsável por uma grande sala na escola dominical e trouxe muitos ao Salvador". Tudo isso é bom; mas se você confiar nisso para manter sua posição diante de Deus, certamente falhará. Se qualquer um de nós dissesse: "Mas eu sou um pastor, chamado para orar e pregar a preciosa Palavra: minhas obrigações são tão santificadas que me levam a uma comunhão tão sagrada com as coisas santas que não seria possível que eu caísse" — isso seria o cúmulo da loucura. Não precisamos ir além do âmbito dos professos ministros de Cristo para encontrar exemplos de toda infâmia de que o ser humano é capaz. Depois de ter pregado a outros, há um grave motivo para tremer, para que não sejamos nós mesmos náufragos (1Coríntios 9:27). Não, não há nada no cargo mais sagrado da igreja que preserve a nós ou ao nosso caráter. O cargo, se nele confiarmos, pode até se tornar, como no caso de Judas, uma rocha Tarpeia,[12] da qual podemos ser lançados para a nossa própria destruição; afinal, a posição angélica no céu não impediu que os anjos fossem lançados por sobre as muralhas da glória quando ousaram pecar. Que os "anjos das igrejas" não presumam que estão livres de cair, a menos que aquele que carrega as sete estrelas na mão direita os guarde até o fim.

Quero que vocês percebam, como um grande aviso, que esse pecado dos anjos não foi evitado nem mesmo pela felicidade mais plena. Oh, que mudança, queridos amigos, da alegria que uma vez conheceram quando eram servos de Deus, para serem lançados no inferno em cadeias de trevas, onde estão agora! (Judas 1:6) Os demônios andam pelo mundo tentando os seres humanos, mas nunca são libertos de suas trevas. Eles não podem

---

[12] A rocha Tarpeia era, na Roma Antiga, um local onde eram feitas execuções, com as vítimas sendo lançadas dessa rocha para a morte.

56 O grande exército de Deus

escapar da prisão que construíram para si mesmos — a escuridão e o horror do julgamento de Deus que sempre os encerra, onde quer que estejam. Que diferença entre isso e o trono de Deus, e a visão dele, que já foi a alegria deles! O serviço de Deus já foi deles, mas agora a escravidão do mal os mantém em grilhões de ferro. Antigamente eles se deleitavam com os altos louvores de seu Criador, e agora eles o amaldiçoam do fundo de seus corações. Outrora, em dias festivos, quando os servos de Deus se reuniam, cantavam de alegria ao contemplarem novos mundos criados por seu grande Senhor e Rei; agora, tudo o que Ele faz é como fel e absinto para eles. Eles lhe amaldiçoam e a si mesmos, e estão sempre ocupados em tentar derrubar o reino e apagar a luz de Deus entre os filhos dos homens. Oh, a miséria desses antigos infratores! Eles já foram extremamente felizes; mas essa felicidade não foi suficiente para lhes preservar a fidelidade. Os melhores salários não manterão um servo leal ao mais bondoso dos senhores. A experiência mais abençoada não preservará a alma do pecado. Vocês podem vir aqui e ser grandemente abençoado com um sermão, e cantar docemente, e orar com intenso fervor, e parecer levados até os portões do céu por ele; mas se lembrem de que não se pode confiar em nenhum sentimento de alegria ou felicidade como firmeza suficiente para nos manter perto do Senhor. Vimos pessoas beberem do cálice do Senhor até parecerem cheios de amor por Ele, e ainda assim elas voltaram a se embriagar com o cálice dos demônios. Conhecemos pessoas que pregam o evangelho, e ainda assim blasfemam contra toda verdade da revelação e negam a inspiração do Livro de Deus. Sabemos que eles parecem estar entre os mais santos e os melhores, e ainda assim eles se tornaram frequentadores comuns dos antros mais malignos da cidade e os principais da loucura. Não é isso uma coisa terrível e não deveria ser um aviso para cada um de nós? "Aquele, pois, que cuida estar em pé, olhe que não caia" (1Coríntios 10:12). Há alguém que é capaz de nos impedir de cair e de nos apresentar impecáveis diante de sua presença com grande alegria

Anjos Caídos: uma lição para humanos caídos   57

(Judas 1:24); mas se não confiarmos nem permanecermos nele, pereceremos. Se ousarmos confiar em nossa posição, em nossa capacidade, em nosso cargo, em nosso serviço ou em nossa experiência, descobriremos, mais cedo ou mais tarde, que somos propensos ao pecado e que, se pecarmos, Deus não nos poupará, da mesma maneira que não poupou os anjos que pecaram.

Notem que essa advertência aplica-se ao pecado mais vil. Os anjos não apenas pecaram e perderam o céu, mas ultrapassaram todos os outros seres em pecado e tornaram-se habitantes adequados para o inferno. Quando Cristo descreveu a mais perversa das pessoas, Ele disse que tal era um demônio. "Um de vós é um diabo" (João 6:70), essa foi sua expressão; pois o Diabo é a forma mais perversa de existência. Ora, não é extraordinário que, depois de estar no céu, tenha sido possível que um anjo se tornasse um ser tão terrível quanto um diabo no inferno é agora? Se algum de nós chegar muito perto do reino, e ainda assim a vida de Deus não estiver em nós; se estivermos unidos à igreja de Deus e cumprirmos deveres santos, mas ainda assim dependermos de nós mesmos e assim cairmos em pecado, poderemos cair no mais terrível dos pecados. Não acredito que Judas pudesse ter sido o que foi se não fosse apóstolo. O melhor daquilo que parece bondade deve ser usado como matéria-prima para fazer um traidor que venderá seu Mestre. Os demônios entraram em guerra aberta com Deus: os mesmos seres que uma vez se curvaram diante de sua terrível majestade estão agora aberta e desafiadoramente em guerra com o Deus que os criou. Outrora eles podiam cantar hinos com alegria, e dia após dia circundavam o trono de Deus regozijantes; mas agora eles blasfemam, e se enfurecem, e se encolerizam contra tudo o que é bom na Terra ou no céu. Eles andam como leões que rugem em busca de quem possam devorar (1Pedro 5:8) — aqueles que antes tinham sido espíritos ministradores, ansiosos por servir e abençoar. Eles já foram súditos leais, mas agora não passam de traidores, rebeldes, sedutores. Eles tentam

58 O GRANDE EXÉRCITO DE DEUS

desviar o povo de Deus; eles fazem o máximo para incitar o pecado em todo coração humano. Eles se tornaram tão maus que seu líder realmente encontrou o próprio Filho de Deus e o tentou a prostrar-se e adorá-lo (Mateus 4:9). Já houve um atrevimento tão infame e tão infernal quanto o próprio Diabo pedir ao eterno Filho de Deus que lhe prestasse homenagem? Ó proposta vil, que a pureza do Altíssimo se curve diante da impiedade de um espírito caído! No entanto, os demônios avançaram tanto que neles o mal atingiu sua plenitude e maturidade. Que isso sirva de lição para nós. Não devo nem por um momento pensar que, sem a guarda do Espírito de Deus, sou incapaz até mesmo do pecado mais vil. Lembre-se da história de Hazael. Quando o profeta lhe disse o que ele faria, ele exclamou surpreso: "É o teu servo um cão para fazer tal coisa?" (2Reis 8:13). Ele não era apenas cão o suficiente para buscar o trono sírio, mas também era diabólico o suficiente para sufocar seu mestre com um pano molhado e depois executar com avidez todos aqueles terríveis atos de barbárie que o profeta havia predito (2Reis 8:7-15). Ainda podemos cometer atos horríveis os quais consideramos sermos incapazes de praticar. Quanto do Diabo existe no coração não regenerado, ninguém pode dizer. Ó meu ouvinte não renovado, eu não o caluniaria, mas devo avisá-lo: há todos os ingredientes do inferno em seu coração! Basta que a mão restritiva de Deus seja removida e você sairá com suas verdadeiras intenções, e essas são as intenções da iniquidade. Se não fosse pelas restrições da sociedade e da providência, haveria erupções do mal, mesmo nos mais morais, as quais seriam suficientes para abalar até os alicerces da sociedade. Um funcionário na Índia domesticou um leopardo. Desde quando era um filhotinho ele o criou, até que ele andava pela casa como um gato, e todo mundo brincava com ele; mas um dia, enquanto o funcionário estava sentado em sua cadeira, dormindo, o leopardo lambeu sua mão — lambeu-a com toda a inocência; mas ao lamber, a pele se rompeu e o gosto de sangue chegou ao leopardo; a partir desse momento ele não se contentou em conviver com os seres humanos. Ele correu para matar e não ficou mais tranquilo até chegar à selva. Aquele leopardo, embora domesticado, ainda era um leopardo. Assim, uma pessoa moderada por motivos morais, mas sem mudança no coração, ainda é uma pessoa caída, e o gosto do sangue, quero dizer, o gosto do pecado, logo revelará o tigre que há nela. Raspe o verniz de civilidade de alguém e encontre um selvagem; tente um moralista e você descobrirá um pecador! A fina crosta de bondade formada pela educação logo desaparece sob a tentação. Vocês podem ser tudo o que parece bom, mas, a menos que tenham nascido de novo, ainda serão capazes do mal mais terrível. Parece-me uma coisa horrível que saia dos lábios de alguém a mais suja blasfêmia, e ainda assim aquele que a pronuncia já esteve acostumado a cantar na casa de Deus e a dobrar os joelhos com os santos. Ó Deus, que qualquer criatura que diz servir ao Criado não chegue a tal ponto! No entanto, tais horrores abundam! O vaso que adornava a grandiosa festa é quebrado e jogado no monte de lixo, e mesmo assim os excelentes e honrados são contaminados e jogados fora. Eu sei o que alguns estão sussurrando: "Eu nunca me tornarei um depravado notório!". Como vocês sabem disso? Se vocês já questionam as advertências das Escrituras, poderiam ir mais longe em pouco tempo. Aquele que é mais seguro de si é o mais inseguro; mas aquele que clama "Sustenta-me" será posto de pé. Seja esta a nossa profissão de fé: "Ó Senhor, eu sei que me tornarei totalmente vil a menos que a tua graça soberana impeça!". Com humildade, lancemo-nos sobre a poderosa graça de Deus e assim seremos guardados. Com fervorosa sinceridade, clamemos por força àquele que é forte e não seremos vencidos pelo mal. Aquele que se presume infalível cairá; mas aquele que confia em Deus permanecerá firme.

O texto pode levar-nos um pouco mais longe antes de o deixarmos, dando-nos uma advertência contra o castigo do pecado, bem como contra o próprio pecado. Leia isto: "Deus não poupou os anjos que pecaram,

60 O GRANDE EXÉRCITO DE DEUS

mas os lançou no inferno" (2Pedro 2:4). Eles eram muito bons e muito poderosos, mas Deus não os perdoou por isso. Se os pecadores forem reis, príncipes, magistrados, milionários, ainda assim Deus os lançará no inferno. Se fossem comandantes de todas as forças do mundo, aquele que é um juiz justo e íntegro não os perdoaria por causa de sua dignidade e poder. "Deus não poupou os anjos", por que Ele deveria perdoar vocês, grandes da Terra? Eles também eram muito numerosos. Não sei quantos eram, mas numa ocasião lemos sobre legiões de demônios. Deus, porém, não perdoou os anjos pecadores por serem numerosos: Ele abriu espaço no inferno para todos eles; e colocou cada um deles nas trevas e em prisões. Deus não perdoará os seres humanos pecadores por serem milhões: "Os ímpios serão lançados no inferno e todas as nações que se esquecem de Deus" (Salmos 9:17). Sejam poucos ou muitos, os pecadores devem ser punidos, e Deus não desviará a sua ira daqueles que praticam a iniquidade. Deus não perdoou os anjos rebeldes por causa da sua união. Nunca ouvi falar de demônios brigando: é maravilhoso nas Escrituras notar sua consonância — sua concordância entre si; mas "ainda que o mau junte mão a mão, não ficará sem castigo" (Provérbios 11:21). Vocês, incrédulos, podem se unir para odiar e se opor ao evangelho, mas isso não importa: Deus lidará com seus conluios, romperá suas uniões e fará de vocês companheiros no inferno, assim como vocês foram companheiros no pecado. "Deus não poupou os anjos que pecaram, mas os lançou no inferno."

Ele também não os perdoou porque eram dissimulados. Nunca existiram criaturas tão habilidosas como os anjos caídos — tão sábias, tão penetrantes, tão astuciosas; mas essas serpentes e toda a sua prole tiveram que sentir o poder da vingança de Deus, apesar de sua esperteza. Os seres humanos muitas vezes escapam dos tribunais do seu país devido às suas maneiras sagazes de fugir à lei; eles se mantêm dentro dos limites legais e ainda assim são grandes vilões; ou se ultrapassam os limites, contratam alguém de língua hábil para implorar por eles, por mais culpados que possam ser, e por meio de súplicas astutas escapam de uma sentença justa. Assim acontece com os seres humanos, mas nenhum conselheiro pode perverter o julgamento do Altíssimo. Ele fará justiça sem deixar escapar de seu crivo nem mesmo o menor dos detalhes, como a espessura de um fio de cabelo, e de forma alguma perdoará o culpado. "Deus não perdoou aos anjos que pecaram", por que Ele deveria perdoar qualquer filho culpado de Adão? Tenha certeza de que Ele não perdoará nenhum de nós se vivermos em pecado. A menos que aceitemos o caminho da salvação por meio de Jesus Cristo, o nosso pecado nos encontrará, e Deus encontrará nosso pecado. Ele também nos lançará no lugar preparado para o Diabo e seus anjos (Mateus 25:41). Deixem os bajuladores de hoje pregarem o que puderem, o Senhor punirá os seres humanos que vivem e morrem em seus pecados. Ele não perdoou os anjos que pecaram; certamente Ele não perdoará os seres humanos se eles pecarem. Deixem isso servir de aviso para nós.

II

Agora quero continuar e pedir toda a sua atenção para este segundo ponto para nossa *admiração*.

Quero que vocês admirem, queridos amigos, o fato de que, embora os anjos tenham caído, os santos de Deus são obrigados a permanecer de pé. Os anjos pecaram fatalmente; mas os santos de Deus "não podem viver pecando, porque são nascidos de Deus" (1João 3:9). Vocês sabem o sentido em que o apóstolo quer dizer isso; não que todos nós não pequemos, mas que não pequemos a ponto de nos afastarmos do Deus vivo, desistirmos de nossa lealdade a Ele e deixarmos de ser seus filhos amorosos. Não! "O que é nascido de Deus [...] conserva-se a si mesmo", diz a Escritura, "e o maligno não lhe toca". Que maravilha! Eu lhes digo que quando as histórias do povo de Deus forem escritas e os registros dos santos forem

62 O GRANDE EXÉRCITO DE DEUS

lidos pela luz da glória, seremos milagres da graça para nós mesmos e uns para os outros. "Oh", diremos, "eu quase morri, mas a mão da graça se interpôs e me salvou de escorregar no terrível precipício. Minha mente quase consentiu com aquele pecado, mas ainda assim fui capaz de gritar: 'Como faria eu este tamanho mal e pecaria contra Deus?' (Gênesis 39:9). O tempo estava muito ruim e minha pobre barca estava quase nas rochas; mas ainda assim, embora eu tenha roçado o fundo do mar, não naufra-guei". "Ah, se eu tivesse sido deixado naquele momento", alguém dirá, "o que teria sido de mim? Embora eu tivesse provado o dom celestial e as virtudes do século futuro (Hebreus 6:4, 5), ainda assim, se tivesse sido deixado sozinho naquela hora, teria caído de tal forma que nunca mais poderia ter sido levado ao arrependimento. No entanto, fui mantido; pre-servado por um milagre tão grande como se uma faísca caísse no mar e ainda assim queimasse, ou uma palha fosse soprada em uma fornalha aquecida e não fosse consumida, ou uma mariposa fosse pisada por um gigante e ainda assim permanecesse intacta".

> Mantido vivo com a morte tão próxima,
> A Deus dou a glória.

E pensar que os seres humanos devem permanecer de pé onde os anjos caem! Pela graça soberana, somos chamados a estar tão próximos de Deus como os anjos jamais estiveram, e em alguns aspectos estamos ainda mais próximos. Somos os guarda-costas de Cristo; os escolhidos com quem Ele tem comunhão. Somos os companheiros de mesa de nosso Senhor; comemos do seu pão, bebemos do seu cálice e somos feitos par-ticipantes com Ele. Somos elevados para ser um com Ele e somos feitos membros de seu corpo, de sua carne e de seus ossos, mas o poder eterno e ilimitado de Deus nos sustenta no dia da tentação e nos conduz para que, se passarmos pelos rios, não nos afoguemos, e quando passarmos pelo fogo, não nos queimemos (Isaías 43:2). Ó esplendor da graça triunfante! Nem a glória da nossa vocação, nem a indignidade da nossa origem nos farão ser traidores; não pereceremos por orgulho nem por lascívia; mas a nova natureza dentro de nós vencerá todo pecado e permanecerá fiel até o fim.

"Ora, àquele que é poderoso para vos guardar de tropeçar [...] seja glória e majestade, domínio e poder, antes de todos os séculos, agora e para todo o sempre" (Judas 1:24-25). Não consigo olhar para trás, para minha antiga vida, sem sentir as lágrimas inundarem meus olhos ao lembrar como fui preservado na hora do julgamento. Não poderíamos contar, nem gostaríamos de contar em público, sobre aquelas horas de fraqueza, aqueles momentos de forte desilusão, aqueles momentos de deslizes e de medos que nos acometeram. Lamentamos ao nos lembrarmos de nossas fraquezas piores do que as de crianças. E ainda assim não manchamos nossas vestes; não desonramos o santo nome pelo qual somos chamados; não fomos autorizados a desviar-nos da retidão do nosso caminho de modo a trazer tristeza ao Espírito Santo e desonra à igreja de Deus. Na verdade, isso é uma maravilha. John Bunyan[13] nos conta que Cristão, à luz do dia, olhou para trás no Vale da Sombra da Morte que havia atravessado durante a noite, e viu o caminho que havia percorrido, e que havia um pântano de um lado, e um lugar lamacento do outro, onde estavam os duendes e todos os demônios do inferno. Quando ele olhou para trás, ficou perdido em admiração e gratidão. Assim deve ser e será com vocês se, por um caminho perigoso, ainda permanecerem em seu curso certo e não se desviar de sua integridade. Transbordaremos de gratidão e amor. A graça reinará para a vida eterna. Os redimidos ficarão de pé onde os

---

[13] John Bunyan (1628-1688) foi um escritor e pregador puritano inglês. Foi o autor de *O Peregrino*, uma alegoria sobre a vida cristã bem popular entre países de língua inglesa cujo personagem principal é Cristão.

anjos caem, pois Deus os guardará. Ele é capaz de sustentá-los e fará isso até o fim.

Agora, vamos aprender outra lição cheia de admiração, que é que Deus deve tratar os seres humanos, mas não os anjos, com graça.

> Do céu caíram os anjos pecadores,
> E a ira e as trevas neles puseram correntes;
> Mas o homem vil abandonou sua felicidade,
> E a misericórdia o elevou e o coroou.

> Que obra incrível da graça soberana
> A qual pôde os rebeldes distinguir!
> Nossas traições culpadas ditas em alta voz
> Por grilhões eternos também.

Ora, vocês que não acreditam na doutrina da eleição, mas a rejeitam e mordem os lábios ao mencioná-la, ouçam isto! Deus não deu aos anjos caídos nenhum Salvador, nenhum evangelho, nenhuma possibilidade para o arrependimento, mas tudo isso Ele dá isso aos seres humanos: por que isso acontece? Qual é o motivo? Vocês podem conceber um? Por que Deus rechaçou os anjos caídos e ainda assim olhou com amor para os filhos dos homens? "Oh", diz alguém, "talvez os anjos caídos tenham sido os maiores transgressores dos dois". Eu não acho isso; certamente muitos vão longe para rivalizar com os demônios em rebelião.

"Talvez os seres humanos tenham sido tentados e os anjos não." Parem! Vamos ser claros neste ponto. Muito provavelmente Satanás, o primeiro anjo que caiu, não foi tentado; mas com a mesma probabilidade todos os outros foram. Seu líder os tentou tanto quanto Eva tentou Adão, ou a serpente tentou Eva. A massa dos anjos caídos pode ter sido seduzida pelo exemplo de Satanás, o Príncipe dos demônios. Não vejo, portanto, qualquer grande diferença quanto a essa questão. Isto eu

ANJOS CAÍDOS: UMA LIÇÃO PARA HUMANOS CAÍDOS **65**

sei: alguns são mais pecadores do que demônios. "Não", vocês dizem, "Como assim?". Eu respondo que o Diabo nunca rejeitou a graça gratuita e o amor daquele que morreu; o Diabo nunca lutou contra o Espírito Santo em sua própria consciência; o Diabo nunca recusou a misericórdia de Deus. Esses pináculos supremos da maldade só são alcançados por vocês que são ouvintes do evangelho e, ainda assim, viram as costas para sua preciosa mensagem. É singular que Deus trate com misericórdia os seres humanos que agem tão perversamente, embora nunca tenha falado sobre misericórdia aos anjos caídos, nem estabelecido diante deles termos de paz. Eles foram entregues ali e depois presos em cadeias de trevas até o julgamento do último grande dia.

Observem que Deus não deu trégua aos anjos. Ele não esperou que eles continuassem no pecado durante anos; pelo contrário, ao pecarem, caíram. A punição seguiu duramente o crime. Eles expulsaram Deus de seus corações, e Ele os expulsou do céu. Quão diferente é a conduta dele para alguns de vocês! Vocês pecaram durante uma série de anos. Quantos anos vocês têm? Vinte anos? Trinta? Quarenta? Cinquenta? Sessenta? Setenta? Já faz oitenta anos que vocês vivem em rebelião contra Deus? E ainda assim Ele não os derrubou! Que paciência maravilhosa! Os anjos, Ele baniu de sua presença imediatamente. Ele não poupou os anjos, mas poupou vocês. Por quê?

O Senhor nunca entrou em qualquer negociação com os anjos — nunca os convidou ao arrependimento ou à misericórdia. Oh, mas que negociações Deus teve com alguns de vocês! Não fui o único que os implorou e persuadiu, mas, ainda assim, roguei sinceramente a alguns de vocês que abandonassem o erro de seus caminhos e vivessem — que cressem em Cristo e encontrassem a vida eterna. E por que o Senhor deveria tratar a questão da paz com os seres humanos e não com os anjos caídos?

Com os anjos, Deus nunca fez uma aliança da graça, "que em tudo será ordenada e guardada" (2Samuel 23:5). Eles quebraram o pacto de obras e caíram para nunca mais se levantarem. Para os anjos nunca houve sacrifício: nenhum Filho de Deus morreu por eles; não houve nenhum suor de sangue nem mãos e pés feridos por eles! E ainda assim uma grande expiação está preparada para os seres humanos. Que soberania da graça de Deus é aqui demonstrada! Ele abre os portões de ouro do amor para nós e fecha o portão de ferro para seres mais nobres do que nós. O Espírito de Deus insiste conosco, mas nunca insiste com os anjos caídos. Os demônios são deixados sozinhos; mas a respeito do ser humano o Senhor clama: "Como te deixaria?". Quão justamente Deus poderia ter nos deixado em paz, pois fomos entregues aos ídolos, e ainda assim Ele nos segue com as admoestações de sua misericórdia.

Para os demônios não há perdão, nem esperança, nem porta do céu; e ainda assim há tudo isso para os seres humanos. Ó queridos ouvintes, peço-lhes que não rejeitem essas dádivas excelentes do amor Todo-poderoso. Se Deus é tão especialmente gracioso para com a raça humana, que o ser humano não se torne especialmente ingrato para com Deus, presunçosamente libertino em seu pecado. Voltemo-nos para o Senhor com todo o coração, visto que Ele se volta para nós com especial favor.

Tenho certeza de que é uma grande maravilha e motivo de admiração que Deus olhe para nós e não para os anjos caídos; porque, como já disse, os anjos certamente não são piores pecadores do que algumas pessoas. Os anjos não são mais obstinados do que nós, pois pecamos contra a luz e o conhecimento com intenção e propósito deliberados.

Os anjos são certamente mais valiosos: se Deus quisesse que uma das duas raças fosse empregada como seus servos, os melhores teriam sido escolhidos, e estes não são humanos, mas anjos. Os anjos podem fazer mais por Deus do que nós: ainda assim, Ele nos escolheu. Os anjos devem certamente fazer mais falta do que os seres humanos: a sua queda abriu uma grande lacuna no céu. Nós vamos lá para preencher o espaço e reparar a brecha que foi feita quando eles foram expulsos da glória. Apesar disso, certamente seria mais fácil restaurar os anjos que vieram do céu do que adotar criaturas inferiores que nunca estiveram lá. Se fizermos uma distinção entre os humanos na distribuição de nosso amor, diremos muito apropriadamente: "Façamos primeiro o bem àqueles que seriam os mais miseráveis sem ele". Ora, os seres humanos nunca conheceram o céu e, consequentemente, não podem sentir tanto a perda dele como aqueles que estiveram lá e dele caíram. Somos como pessoas que sempre foram pobres; mas os anjos estiveram no céu e, portanto, são como pessoas ricas que caíram na pobreza. Que inferno para eles estarem fora do céu! Que miséria para esses espíritos perderem as glórias eternas que uma vez desfrutaram! Alguém poderia pensar, portanto, que Deus teria restaurado os anjos antes de elevar a raça humana. Ele, porém, não o fez: redimiu-nos e deixou a raça mais antiga de rebeldes sem restauração. Ninguém sabe o porquê, e em nosso espanto dizemos: "Como é isso? De onde vem a eleição da graça?".

Digam-me, vocês que não dariam escolha a Deus, mas divinizariam a vontade humana, o que tudo isso significa? Onde está a sua orgulhosa teoria de que Deus é obrigado a tratar todos da mesma forma, como se tivéssemos algum direito perante Deus? Aponto para vocês os anjos caídos, e o que vocês podem dizer?

Às vezes, os príncipes, quando pretendem conceder perdão de acordo com sua vontade, dizem a si mesmos: "Perdoaremos a pessoa que se tornaria mais perigosa caso ela se tornasse nossa inimiga". Ora, por piores que sejam os seres humanos e por maiores que sejam os inimigos de Deus, ainda assim o Diabo tem mais insolência para o afrontar do que um ser humano pode ter; e ainda assim Deus não perdoa o Diabo. Ele permite que Satanás continue com todo o seu terrível poder e faça o seu pior ao insultar o Senhor; e ainda assim a misericórdia do Senhor chega até nós, cujos poderes estão dentro de um alcance tão estreito, em comparação com os anjos caídos; Ele escolhe uma pessoa insignificante para receber sua graça.

Alguém poderia pensar que restaurar um anjo seria mais fácil e mais agradável ao plano do universo do que exaltar o ser humano caído. Não há nada a fazer senão colocar um anjo de volta em seu lugar; mas os seres humanos devem ser levados a uma nova existência. O próprio Cristo deve vir e ser um ser humano; e, para lavar o pecado humano, Cristo deve morrer; nada mais poderia ter sido necessário se os demônios tivessem sido salvos. Não posso aceitar que a salvação dos anjos seja mais difícil do que a salvação dos seres humanos; prefiro conceber que teria sido a coisa mais fácil dentre as duas, se o Senhor assim o quisesse. E ainda assim, envolvendo a encarnação do Filho de Deus e sua morte para fazer expiação, o Pai infinitamente gracioso condescendeu em ordenar que Ele assumisse os seres humanos e rejeitasse os anjos caídos. É uma maravilha, é um mistério. Coloco-o diante de vocês para sua admiração. Ó caros, não o desprezem! Que tal soberania surpreendente da graça não seja tratada com desprezo por nenhum de nós. Não falem mais sobre a injustiça da eleição de certas pessoas, pois se vocês fizerem isso, os demônios testemunharão que vocês estão criticando a prerrogativa real do grande Senhor que diz: "terei misericórdia de quem eu tiver misericórdia e me compadecerei de quem me compadecer".

Ora, acho que vejo nisso uma grande briga com o "povo" de Deus. O Senhor desistiu dos anjos e escolheu vocês? Isso me lembra aquele famoso texto: "Enquanto foste precioso aos meus olhos, também foste glorificado, e eu te amei, pelo que dei os homens por ti, e os povos, pela tua alma" (Isaías 43:4). "Dei o Egito por teu resgate, a Etiópia e Sebá, por ti" (Isaías 43:3). Veja, Ele passou pelos anjos e nos escolheu; que graça mais elevada! Veja como Ele nos ama! O que faremos em troca? Façamos o trabalho dos anjos. Venham, irmãos e irmãs, vamos brilhar com um fogo de devoção que poderia ter ardido no coração de um anjo. Sejamos tão

ANJOS CAÍDOS: UMA LIÇÃO PARA HUMANOS CAÍDOS   69

intensamente zelosos quanto um anjo redimido poderia ter sido. Glorifiquemos a Deus como os anjos teriam feito se tivessem sido restaurados e recriados para saborear o favor divino e o amor infinito. Que tipo de pessoas devemos ser? Que tipo de vida devemos viver? Que tipo de consagração devia estar sobre nós? Não deveria todo o nosso ser viver para Deus?

Eu lhes contei isso como que em esboço, pois o tempo voa; mas pensem bem e aproveitem isso. Pensem bem, ímpios, e não joguem fora uma misericórdia como essa. Quando vocês lerem "Ele não tomou os anjos, mas tomou a descendência de Abraão" (Hebreus 2:16), fiquem surpresos e voem imediatamente para Jesus. E, ó santos, ao lê-lo, digam a si mesmos:

Por mais amor do que os serafins conhecem
Arderemos como os serafins.

Deus abençoe vocês, pelo amor de Jesus. Amém!

SERMÃO PROFERIDO EM 1885.

4

OS MODOS DESIGNADOS POR DEUS
PARA A PROTEÇÃO ANGÉLICA

*Porque aos seus anjos [o SENHOR] dará ordem a teu
respeito, para te guardarem em todos os teus caminhos.*
SALMOS 91:11

O ASSUNTO desta manhã foi a aspersão do sangue do cordeiro pascal sobre a verga e os dois batentes das portas das casas dos filhos de Israel no Egito. Assim que isso foi feito e o cordeiro foi comido, eles tiveram de iniciar a jornada para Canaã. Eles sabiam que tinham de partir e estavam preparados para isso. Eles estavam com os lombos cingidos, e cada um tinha seu cajado na mão e as sandálias nos pés. Depois de serem prisioneiros por tanto tempo, foram libertos para que pudessem se tornar peregrinos rumo à terra que o Senhor, seu Deus, havia dado a seus pais (Êxodo 12).

Nós, que cremos no Senhor Jesus Cristo, estamos em uma condição semelhante à deles, pois o Senhor nos redimiu, e podemos cantar o novo cântico: "Ele nos tirou da casa da escravidão e com uma com mão erguida

72 O GRANDE EXÉRCITO DE DEUS

e braço estendido nos libertou", e agora somos peregrinos e estrangeiros neste mundo (1Pedro 2:11), pois estamos a caminho de uma terra melhor do que a Canaã terrena jamais foi, uma terra que mana algo mais rico do que leite e mel, e onde há uma porção eterna e abundante designada para cada um dos redimidos (Gálatas 4:26). Estamos avançando, por esse grande deserto, em direção à terra para a qual o Senhor certamente nos levará em seu próprio tempo. Nosso texto é uma promessa aos peregrinos. Ele segue de modo muito apropriado o texto desta manhã: "E aquele sangue vos será por sinal" (Êxodo 12:13). Vocês iniciaram o caminho para o céu: entraram no caminho estreito por Cristo, que é a porta no início do caminho (Mateus 7:13-14), e agora vocês estão se perguntando como irão progredir enquanto estiverem na estrada, e se vocês serão provados da maneira correta para perseverar até o fim (Mateus 24:13). Esta promessa chega a vocês cheia de verdadeiro ânimo para os corações: "aos seus anjos [o SENHOR] dará ordem a teu respeito, para te guardarem em todos os teus caminhos".

I

Minha primeira observação é mais uma implicação do texto do que uma exposição direta dele. É isto: *existem alguns caminhos que não estão incluídos nesta promessa* porque não são os nossos caminhos nem são os caminhos de Deus; mas são maneiras pelas quais podemos ser tentados por Satanás e que devemos zelosamente evitá-las.

Vocês sabem que, quando o Diabo citou esse texto a nosso Senhor, ele omitiu a última parte dele ("para te guardarem em todos os teus caminhos"), porque não seria adequado ao seu propósito mencionar essa ressalva. Nós, no entanto, começaremos com as palavras que o Diabo omitiu, uma vez que o próprio fato de sua omissão parece mostrar quão essenciais elas são para uma correta compreensão do significado do texto. Ó cristão, se você seguir a estrada do Rei, você estará seguro; mas existem trilhas e,

Os modos designados por Deus para a proteção angélica **73**

infelizmente, veredas tortuosas, pelas quais você não deve andar; se você for lá, irá por sua própria conta e risco. Aquele que segue pela estrada do Rei está sob a proteção dele; mas quem segue pelas estradas menores deve se proteger, e a probabilidade é que encontre ladrões que o farão lamentar o dia em que se virou para a direita ou para a esquerda.

Portanto, primeiro, devemos tomar cuidado para nunca seguirmos *os caminhos da presunção*. Isso é exatamente o que Satanás queria que Cristo fizesse. "Lança-te", disse ele, "lança-te daqui abaixo; porque está escrito: 'Aos seus anjos dará ordens a teu respeito, para te guardarem'" (Mateus 4:6). Essa tentação de presunção não é de modo algum incomum. Ouvi falar disso dos lábios de pessoas que evidentemente não eram filhos de Deus, ou teriam resistido à tentação e não teriam cedido a ela como o fizeram. Elas disseram: "Bem, somos filhos de Deus, então podemos fazer o que quisermos. Estamos salvos, portanto podemos viver como quisermos" — uma inferência terrível daquilo que, para outros, poderia ser uma verdade preciosa. Ó queridos amigos, tomem cuidado para não tentarem o Diabo para tentá-los! Cuidado, também, ao tentar o Senhor seu Deus, como fazem alguns que se aventuram por um longo caminho em más companhias, ou em caminhos duvidosos, sob a noção equivocada de que eles são tão prudentes que não serão tragados como outros poderiam ser — que eles são tão sábios e, ao mesmo tempo, tão experientes, que podem ir aonde os jovens não devem se aventurar, e podem fazer muitas coisas que os cristãos menos instruídos deveriam não tocar. Onde vocês pensam que estão perfeitamente seguros, muitas vezes ali vocês correm maior perigo. Os cavalos frequentemente tendem a se desviar da rota quando o condutor pensa que não é mais necessário controlá-los. Quando vocês são tão tolos a ponto de dizer: "Agora estou fora do alcance da tentação", vocês estão bem no meio dela; e quando vocês pensam que não estão sendo tentados de forma alguma, vocês estão sendo tentados pela própria fantasia de que não estão sendo tentados.

74   O GRANDE EXÉRCITO DE DEUS

Ó amados amigos, cuidado com a presunção! Alguns foram tão favorecidos nas dispensações da Providência, tão prósperos em tudo o que empreenderam, que pensaram que poderiam enriquecer tanto quanto quisessem; e, por fim... bem, eles assumiram um caráter muito obscuro no final de suas vidas. Eles fizeram uma vez o que nunca deveriam ter feito; e, porque isso deu certo, foram tentados a fazê-lo novamente, e mais uma vez.

Contudo, rogo-lhes, caros, que nunca deduzam do sucesso de uma ação errada que Deus deseja que vocês a repitam; em vez disso, digam: "Deus foi muito gracioso comigo ao não me punir daquela vez, mas nunca mais correrei esse risco novamente". Não acredito que Jonas, depois de ter sido lançado ao mar e jogado na praia pela baleia, alguma vez quisesse ser lançado ao mar novamente; ele poderia não ter certeza de que outra baleia viria para carregá-lo para terra firme. Se vocês foram milagrosamente libertos da grande profundeza, não se coloquem nessa posição novamente. Se o fizerem, poderão descobrir que o próximo grande peixe será um tubarão, e não uma baleia, e, em vez de serem trazidos para terra, poderão ser destruídos. Em resumo, tomem cuidado com todos os caminhos presunçosos, pois Deus não prometeu mantê-los seguros sempre.

E, irmãos, vocês nem precisam ser informados de que não podem esperar serem preservados se seguirem *caminhos pecaminosos*. Confio que vocês estejam atentos aos pecados mais grosseiros e vulgares aos quais outros são propensos, e que não lhes será permitido cair neles; mas existe algo como cair aos poucos. Eu lhes peço, cuidado com os pequenos males. Uma pessoa nunca cai nos grandes e impuros pecados da luxúria de uma só vez; geralmente é por meio de uma longa série de pequenos atrevimentos que ela chega a esse terrível fim. Ela é primeiro indecorosa, depois indecente e, finalmente, criminosa. Oh, afastem-se, afastem-se do princípio do mal. Se vocês recuarem logo no início, não irão mais

Os modos designados por Deus para a proteção angélica   75

longe; mas se vocês deslizarem um pouco, descobrirão que este mundo é um lugar tão escorregadio que certamente cairão, e cairão terrivelmente. Confio que nenhum cristão praticaria desonestidade nos seus negócios; no entanto, vocês sabem que é muito fácil alguém fazer algo errado porque é "como de costume". "Na descrição do produto diz-se que ele tem 100 metros, embora tenha apenas 90; mas se eu o descrever assim, não irei vendê-lo, e na próxima loja provavelmente estará marcado 110; então devo dizer que o meu é um pouco maior do que é". Bem, se você fizer isso, lembre-se de que você é um ladrão. Embora seja o costume, você é um mentiroso se acaso se conformar com isso, e certamente não pode esperar a bênção de Deus sobre você ao fazê-lo. Vocês acham que, no dia do julgamento, Deus dirá às pessoas: "Vocês não são culpadas, pois essa mentira era o costume"? De jeito nenhum; o Senhor se importa com os costumes do seu comércio? Façam o que é certo, apesar de todos os riscos; se vocês fizerem algo errado, vocês o farão por sua conta e risco, pois vocês não têm nenhuma promessa de Deus de que Ele os guardará dessa maneira. Não preciso me alongar neste ponto, porque vocês sabem tanto sobre essas coisas quanto eu; e, portanto, vocês podem fazer a aplicação para o seu caso particular. Ó cristão, mantenha-se totalmente afastado de todos os maus caminhos! Que a graça de Deus preserve vocês de se perderem no Prado do Caminho Errado![14]

Aquele que professa ser cristão não deve esperar que os anjos de Deus o guardem se ele seguir o *caminho do mundanismo*. Existem centenas, e temo que sejam milhares, de membros da igreja que dizem ser o povo de Deus, mas parecem viver inteiramente para este mundo. O grande objetivo é ganhar dinheiro e engrandecimento pessoal, tanto quanto é o objetivo de pessoas totalmente ímpias. O reino de Cristo, as necessidades de sua igreja e as necessidades das almas que perecem

---

[14] É um local no livro *O Peregrino*, de John Bunyan. Trata-se de um caminho mais fácil e aprazível para Cristão, o personagem principal, conseguir chegar ao seu destino.

76 O GRANDE EXÉRCITO DE DEUS

ocupam um lugar muito tênue em seus corações; por outro lado, vivem inteiramente para si mesmos, apenas tentam esconder isso sob o pretexto de terem de sustentar suas famílias. "Buscai primeiro o Reino de Deus, e a sua justiça, e todas essas coisas vos serão acrescentadas" (Mateus 6:33) é um texto do qual precisamos pregar àqueles que professam ser cristãos nesta cidade e em todo o mundo.

Há também o *caminho do orgulho* que muitos trilham. Eles devem ser "respeitáveis"; devem poder transitar na "Sociedade" — com um "S" maiúsculo; e tudo é ordenado com vista à exibição. Ser grande, ser famoso, ser estimado, manter uma grande reputação — é para isso que vivem. E alguns crescem muito fortes, de uma forma cristã, nessa linha; eles professam ter alcançado uma "vida superior"[15] que os cristãos comuns jamais alcançam. Não estou nem um pouco ansioso para chegar lá, pois não acredito que exista neste mundo vida superior à vida de Deus, que é dada a todo aquele que crê no Senhor Jesus Cristo. A vida mais superior a que aspiro é viver como Jesus Cristo viveu e andar como Ele andou; e esse é o tipo de vida mais inferior com o qual qualquer cristão deveria se contentar. Quando obtemos penas tão belas quanto estas, elas não nos fazem um belo pássaro.

Há também o *caminho da obstinação* que sei que alguns seguem. É muito doloroso ver alguns, que realmente consideramos bons, mudarem--se de posição aparentemente sem qualquer motivo. Eles estavam indo muito bem, mas fugiram correndo, pois não conseguem deixar as coisas como elas estão. Alguns irmãos parecem sofrer de uma espécie de inquietação perpétua. Eles rolam pedras e não acumulam musgo. Eles se movem

---

[15] Spurgeon se refere a um movimento chamado Movimento Vida Superior, iniciado na Inglaterra entre círculos cristãos no início do século 17. Sua ideia principal é que o cristão deveria avançar em sua experiência de conversão inicial e ter uma experiência mais profunda de permitir Deus trabalhar em sua vida, buscando "inteira santificação", também denominada "a segunda bênção", "o segundo toque", "preenchimento com o Espírito Santo", e outros termos.

Os modos designados por Deus para a proteção angélica **77**

de uma situação para outra, não porque haja necessidade de se moverem, mas apenas porque não conseguem ficar parados. Eles se afastam do ninho e do lar e muitas vezes agem em oposição direta à ordem da providência de Deus. Oh, cuidado com esse espírito de obstinação! Podemos nos tornar tão teimosos a ponto de sofrermos. Como diz o antigo ditado: muitas vezes é sábio seguir o conselho do nosso travesseiro. Aquele que não dorme antes de tomar uma decisão pode ter que chorar por causa dela. Melhor olhar antes de pular. Siga sempre a nuvem da providência de Deus, não corra diante dela; pois, ao fazer isso, poderá achar difícil voltar novamente. Muitos agiram assim às próprias custas e, é claro, não obtiveram nenhuma bênção ao fazê-lo.

Um outro caminho que um cristão não deve seguir é o *caminho da doutrina errônea*. Conheço alguns que, embora professem serem cristãos, assim que surge uma nova heresia, querem experimentá-la. Confesso que nunca fui tentado nesse sentido. Não creio que, se vocês fossem a uma farmácia, diriam ao farmacêutico: "Ouvi falar de alguém que morreu em uma cidade distante ao tomar tal e tal veneno; eu gostaria de prová-lo". Vocês não pediriam a ele que retirasse suas garrafas grandes e lhes desse uma amostra de todos os venenos mortais que ele tenha em estoque. "Oh, não!", vocês dizem, "Estamos em nosso perfeito juízo; não deveríamos fazer uma coisa tão tola como essa". No entanto, conheço pessoas que, sempre que há qualquer ensinamento considerado errôneo, dizem: "Precisamos dar uma olhada nisso; devemos provar isso" — nunca satisfeitas, exceto quando estão provando veneno. Há um período na vida em que um cristão deve obedecer à ordem de Paulo aos tessalonicenses: "Examinai tudo"; mas que se faça isso o mais rápido possível, e então que chegue à segunda parte da regra: "Retende o bem". Nunca retenha nada até que tenha examinado que é o bem, mas não fiquem examinando para sempre. Algumas coisas não precisam de qualquer exame; elas carregam escrito em suas testas sua qualidade. Outras, no entanto,

78 O GRANDE EXÉRCITO DE DEUS

precisam ser examinadas; assim, tendo examinado que as coisas certas são certas e que as coisas verdadeiras são verdadeiras, retenham-nas e não se desviem delas. Aproximadamente a cada seis semanas é promulgada uma nova doutrina; às vezes, iniciam uma nova seita. Simplesmente porque há alguém em seu escritório que está gravemente perturbado com mau humor ou com problemas digestivos. Ele nunca saiu para tentar ganhar uma alma, nunca fez nenhum trabalho prático para Cristo; mas edita um jornal, ou escreve para uma revista, e com aquele seu cérebro maravilhoso, cheio de teias de aranha, ele cogita uma nova doutrina; e como há certas pessoas que estão sempre à espera de tais novidades, logo saem e espalham-nas por onde podem. Esses criadores de falsas doutrinas e seus discípulos são a maldição da época em que vivemos. Imploro-lhe, meus amigos, que permaneçam nos bons e velhos caminhos. O que vocês sabem que é verdade, nisso permaneçam firme. Não abandonem o Deus de seus pais; quanto às verdades que Deus lhes ensinou pelo seu próprio Espírito, prendam-nas a vocês como se fossem ganchos para ferraduras de um cavalo; pois, se vocês seguirem o caminho do erro, não poderão esperar por proteção divina.

II

Agora, em segundo lugar, *existem maneiras de garantir a segurança*. Só terei tempo para mencioná-las muito brevemente.

Existe, primeiro, *o caminho da fé humilde no Senhor Jesus Cristo*. Vocês sabem disso, irmãos; então entre nele. Oh, não ser nada e deixar Cristo ser tudo; confessar a nossa própria culpa e ser coberto em sua justiça! Mantenham-se nessa estrada segura; pois é a estrada do Rei, da qual se pode dizer: "Ali, não haverá leão, nem animal feroz subirá a ele, nem se achará nele; mas os remidos andarão por ele" (Isaías 35:9).

Os modos designados por Deus para a proteção angélica   79

Existe, a seguir, *o caminho da obediência aos preceitos divinos*. Façam o que Deus lhes diz, como Deus lhes diz e porque Deus lhes diz, e nenhum mal poderá acontecer a vocês. O Senhor disse a Moisés que pegasse pela cauda a serpente da qual ele fugia; ele fez isso e não foi mordido, mas a serpente se tornou uma vara milagrosa (Êxodo 4:2-4). Obedeçam ao Senhor em todas as coisas. Cuidado com os pingos nos is, pois todo aquele que quebrar um dos menores mandamentos de Cristo "e assim ensinar aos homens será chamado o menor no Reino dos céus; aquele, porém, que os cumprir e ensinar será chamado grande no Reino dos céus" (Mateus 5:18). Oh, seguir os passos do Senhor Jesus Cristo, passo a passo, e manter-se fiel às suas pegadas! É dessa maneira que a proteção angélica nos será concedida.

Há também *o caminho da confiança pueril na orientação providencial*. Feliz é aquele que sempre espera em Deus para saber o que deve fazer — que sempre pede ao Senhor para guiá-lo e que não ousa confiar em seu próprio entendimento (Provérbios 3:5). Observem a orientação providencial do Senhor; espere pela orientação divina. É muito melhor ficar parado do que correr na estrada errada. Parem um pouco e orem pedindo orientação e não se movam até ouvir a voz detrás de vocês dizendo: "Este é o caminho; andai nele" (Isaías 30:21). Numa estrada como essa, os anjos certamente irão guardá-los.

Existe igualmente o *caminho dos princípios estritos e da integridade rigorosa*. Viajar por esse caminho muitas vezes envolverá muitas perdas e cruzes, e muita reprovação, e às vezes até parecerá destruir a sua utilidade. Eu, porém, os aconselho, especialmente aos jovens, a nunca violarem qualquer princípio que professem defender. Acredito que tenha sido uma bênção duradoura para alguns que conheço o fato de terem desprezado o ajuste das velas do seu barco, mesmo no menor grau, para agradar a qualquer alma vivente. Façam vocês o mesmo. "Seja justo e não tema."[16]

---

[16] Verso de um poema de Henry Alford (1810-1871), clérigo, teólogo, crítico textual, erudito, poeta, hinógrafo e escritor inglês.

80 O grande exército de Deus

Mantenham-se fiéis a uma causa que é desprezada se acreditam que ela é correta, e amem-na ainda mais porque ela é desprezada. Não perguntem qual será a paga; não se importem com o sorriso do bajulador. Busquem a verdade mesmo que ela possa percorrer caminhos muito difíceis; ela sempre irá recompensá-los no longo prazo. Agarrem-se a ela e conquistem seu sorriso; então as carrancas do mundo inteiro não lhe causarão um momento de preocupação sequer. O caminho do princípio é o caminho da segurança; os anjos de Deus irão protegê-los se vocês se mantiverem nesse caminho.

E, queridos irmãos, tenho certeza de que *o caminho do serviço consagrado para a glória de Deus* é outro desses caminhos seguros. É bom quando alguém diz: "Eu escolho meu caminho de acordo com esta regra: como posso servir melhor a meu Deus? Tendo avaliado se há algum princípio envolvido e tendo uma escolha justa entre isto e aquilo, digo a mim mesmo: 'De que forma posso esperar ser mais útil? Em que modo de vida posso glorificar ainda mais a Deus?'". Esse é o seu caminho para o céu, cristão — a maneira pela qual seu Mestre pode obter o máximo de glória de você; e, se você caminhar dessa maneira, poderá ter certeza de que será protegido pelo poder soberano dele.

E, mais uma vez, existe *o caminho da separação do mundo e do caminhar próximo de Deus*. Ninguém jamais sofreu qualquer dano real por se manter afastado dos caminhos dos ímpios; e, por outro lado, ninguém jamais deixou de ser um vencedor por meio de uma comunhão familiar e íntima com Deus. "Enoque andou com Deus" (Gênesis 5:24) e obteve não apenas a fuga das dores da morte, mas também o testemunho de que "ele agradara a Deus" (Hebreus 11:5). Ó cristãos, não poderíamos mais de nós escolher esse caminho abençoado e andar nele continuamente? Se o fizéssemos, teríamos o cumprimento, no seu significado mais profundo, da promessa do nosso texto: "aos seus anjos [o SENHOR] dará ordem a teu respeito, para te guardarem em todos os teus caminhos".

III

Agora, devo passar a observar brevemente, em terceiro lugar, que *estes caminhos certos nos levarão a diferentes circunstâncias.*

Às vezes, o caminho certo nos levará a lugares muito pedregosos e posições de grande dificuldade; no entanto, aqui está a promessa de enfrentar essa situação crítica: "Eles te sustentarão nas suas mãos, para que não tropeces com o teu pé em pedra" (Salmos 91:12). Um caminho não é menos certo porque é difícil. Na verdade, muitas vezes é ainda mais certo que seja o caminho certo porque desagrada a carne e o sangue. Às vezes, também, o caminho certo pode ser terrível com relação à tentação. Se o seu caminho está tão complicado, não imaginem, portanto, que é um caminho errado, porque o salmista continua dizendo: "Pisarás o leão e a áspide" (Salmos 91:13). Leões e áspides virão até vocês, as tentações ameaçarão devorá-los mesmo enquanto vocês estiverem no caminho certo; mas, então, é prometido a vocês que, desde que seja o caminho certo, vocês obterão a vitória sobre o leão e a áspide. A tentação pode ser de caráter tão misterioso que vocês não consigam entendê-la. Pode ser como uma serpente; mas, se assim for, aqui está o seu conforto: "calcarás aos pés o filho do leão e a serpente" (Salmos 91:13).

E lembrem-se, queridos amigos, que mesmo que a estrada não seja pedregosa e que nenhum leão os ataque, vocês serão protegidos dos perigos das estradas suaves e fáceis. Vocês sempre precisarão da proteção divina e angélica, pois Deus não teria dado ordem a seus anjos de guardar seu povo em todos os caminhos se ele não precisasse de proteção em todos eles. Alguns de vocês estão agora prosperando nos negócios, mas o seu caminho não é mais seguro do que o caminho daquele que está perdendo tudo; na verdade, o seu pode não ser tão seguro quanto o dele. Para vocês que gozam de boa saúde, arrisco-me a dizer que seu caminho é mais perigoso do que o caminho daquele que está sempre doente; e a todos

82 O GRANDE EXÉRCITO DE DEUS

vocês eu digo: orem pela guarda angélica. Peçam ao Senhor ainda para protegê-lo com suas hostes celestiais; ou então, em qualquer um dos seus caminhos, sejam eles ásperos ou suaves, vocês cairão gravemente feridos.

IV

Agora chegamos ao quarto ponto, que é este: *enquanto andamos por todos os caminhos certos, aqueles que creem estão seguros*. "Aos seus anjos dará ordem a teu respeito, para te guardarem em todos os teus caminhos."

Ó cristão, se você não violou a sua consciência, se você não abandonou o caminho da comunhão com o seu Deus, pense no quão elevados são os seus privilégios! Primeiro, *o próprio Deus se preocupa com você*. Ele deu ordem a seus anjos para cuidar de você. Quando seus soldados foram para a batalha contra seu filho rebelde, Absalão, Davi deu ordens especialmente a seus líderes de tratarem gentilmente o jovem Absalão, por causa dele; mas ele deu-lhes essa ordem em vão (2Samuel 18:1-18). Em um sentido muito mais elevado, Deus deu ordem a seus anjos de guardarem seus santos, e Ele não lhes ordenou isso em vão. Essa não é uma mera ordem geral; é uma espécie de encargo pessoal imperativo que Deus impõe aos seus anjos: "Cuidem dos meus filhos; eles estão no meu caminho — o caminho elevado da retidão do rei. Cuidem deles; e não permitam que eles se machuquem". Desse modo, vocês têm Deus pessoalmente dando ordem aos anjos para cuidar de vocês.

Em seguida, *você tem agentes misteriosos para protegê-lo*: "Aos seus anjos dará ordem a teu respeito". Falamos da serpente, mas não sabemos muito sobre isso; e não sabemos muito sobre os anjos, mas temos certeza de que os anjos podem vencer as serpentes, pois eles são mais do que páreo para os demônios; e se tentações misteriosas vierem até você, também haverá defensores misteriosos para repeli-las. Você tem mais amigos, pobre cristão, do que imagina. Quando você está travando as batalhas de Deus, você pode ouvir o bater das asas dos anjos ao seu lado se tiver seus ouvidos divinamente abertos. Se todos o abandonarem, Deus pode enviar seus anjos, embora você não os veja, para fortalecê-lo de alguma maneira secreta que não posso explicar completamente: "eis que o monte estava cheio de cavalos e carros de fogo, em redor de Eliseu" (2Reis 6:17), o profeta que ousou ser leal ao seu Deus e servi-lo fielmente. Deus preferiria esvaziar o céu de todas as hostes angelicais, incluindo querubins e serafins, do que permitir que qualquer um de seu povo, que andou em seus caminhos, sofresse derrota. Ele dá ordens a todos os seus anjos para cuidarem de seus santos e para mantê-los em todos os caminhos certos.

E assim como os anjos estão ao nosso lado, todas as coisas também estão, visíveis e invisíveis. Ora, cristãos, as próprias pedras do campo estão em aliança com vocês, e os animais do campo estão em paz com vocês. Aonde quer que vocês forem, terão amigos prontos para ajudá-los. É verdade que vocês têm inimigos entre os ímpios, mas as armas deles não prevalecerão contra vocês (Isaías 54:17); e onde quer que haja um mensageiro de Deus — seja vento, ou tempestade, ou relâmpago, ou granizo —, ele é seu amigo. As próprias estrelas em seu curso lutam por vocês. As forças, terríveis e tremendas, que às vezes abalam o mundo, são apenas as espadas flamejantes do seu Pai desembainhadas para protegê-los. Se estivermos andando nos caminhos de Deus, podemos cantar com sinceridade:

O Deus que governa nas alturas,
E troveja quando quiser,
Que cavalga sobre o céu tempestuoso,
E governa os mares:
Este terrível Deus é nosso,
Nosso Pai e nosso amor;
Ele enviará seus poderes celestiais
Para nos levar para o alto.

84 O grande exército de Deus

Cantem então, santos do Senhor, pois tudo está do seu lado. "com alegria, saireis e, em paz, sereis guiados; os montes e os outeiros exclamarão de prazer perante a vossa face, e todas as árvores do campo baterão palmas" (Isaías 55:12).

Que pensamento tão doce é sugerido pelo pronome pessoal "te" em nosso texto! Ensina-nos que cada um dos santos é pessoalmente protegido: "aos seus anjos [o SENHOR] dará ordem a teu respeito, para *te* guardarem em todos os teus caminhos". Deus tem interesse pessoal em cada viajante que segue pelo caminho certo, e Ele dá ordem a seus anjos de guardá-lo. Talvez você diga: "Eu não leio o texto como se referindo a mim, senhor". Bem, acho que você deveria fazer isso. Quando você lê o preceito "Não furtarás" (Êxodo 20:15), você supõe que ele se refira a você? "Oh, sim!", você diz, "Eu não gostaria de sugerir que isso não se referiria a mim; eu não alegaria estar dispensado desse preceito". Pois bem, meu querido irmão, procure não se eximir da promessa. Assim como você tem certeza de que o preceito se aplica a você, assim, como filho de Deus, tenha certeza de que a promessa se aplica a você: "aos seus anjos [o SENHOR] dará ordem a teu respeito, para te guardarem em todos os teus caminhos".

Essa proteção é perpétua e também pessoal; os anjos de Deus devem "te guardar em todos os teus caminhos" — nos seus altos e baixos, nos seus avanços e nos seus retrocessos; para guardar você quando estiver dormindo e quando estiver acordado; para guardar você quando estiver sozinho e quando estiver acompanhado; para guardar você se tiver de pregar, e para guardar você se tiver de ouvir; para sustentá-lo se tiver que servir ou se tiver que sofrer. Você sempre precisa de proteção e sempre a terá, pois os anjos têm ordens "para te guardarem em todos os teus caminhos".

E como é lindo lembrar que toda essa guarda traz consigo honra: "aos seus anjos [o SENHOR] dará ordem a teu respeito". Observem que: "aos seus anjos [o SENHOR] dará ordem" — os mesmos anjos que esperam

Os modos designados por Deus para a proteção angélica   85

em Deus e veem a sua face; os mesmos anjos que são fiéis servidores do Eterno; "aos seus anjos [o SENHOR] dará ordem a teu respeito", "Vejam", diz o Senhor a Gabriel, ou a Miguel, ou a qualquer que seja o nome do anjo: "Eu ordeno que você cuide especialmente daquela pobre menina, pois ela é uma filha minha". "Cuide daquele pobre homem que tantos desprezam, pois ele é um príncipe de sangue imperial. Ele pertence a mim; ele é 'herdeiro de Deus e coerdeiro de Jesus Cristo'(Romanos 8:17)". Oh, que dignidade incrível essa promessa coloca sobre o menor e mais humilde dos seguidores do Cordeiro!

Observem apenas mais um ponto: todos esses privilégios nos são concedidos por Jesus Cristo, pois Cristo é aquela escada mística que Jacó viu, por cujos degraus maravilhosos os anjos subiam e desciam (Gênesis 28:10-19). O intercâmbio entre os santos e o céu é mantido por meio da pessoa do Senhor Jesus Cristo. Oh, que alegria é essa! Se Cristo é seu, os anjos são seus (1Coríntios 3:21-23), e todos os principados e potestades nos lugares celestiais terão prazer em cuidar de você.

Agora, se alguém aqui estiver voltando para casa, para um quarto solitário, gostaria que você sentisse que não está indo para lá sozinho. Seu pai e sua mãe talvez estejam no campo, e alguns de vocês, jovens, sentem-se bastante sozinhos nessa cidade; mas, se você crê no Senhor Jesus Cristo, você não está sozinho, pois o Senhor de todos os santos anjos está com você, e uma companhia inumerável de espíritos benditos está ao seu redor. Conforte-se com essa verdade gloriosa. A misteriosa ação angélica de Deus, que você não vê nem ouve, mas que é muito verdadeira e real, formará um cordão ao seu redor para protegê-lo em meio às tentações desta grande cidade; e se você for fiel a Ele e seguir seus caminhos, nada o prejudicará daqui até o céu. Pode haver muitos dardos lançados contra você, mas o grande escudo da fé desviará todos eles ou os apagará para sempre (Efésios 6:16). Você terá de enfrentar muitas tentações e provações, mas será preservado em meio a todas elas. Ouvi um pastor da

86   O grande exército de Deus

Igreja Metodista Primitiva, falando na noite de sexta-feira passada, usar uma expressão muito forte ao descrever o que uma pessoa poderia fazer pela fé. Ele disse: "Ela não só pode vencer uma legião de demônios, mas também poderia sair chutando e abrindo caminho através de uma trilha de demônios se apenas descansasse em Deus". Tenho essa ideia na cabeça desde que o ouvi usar essa expressão; e estou certo de que é verdade, pois alguns de nós já tivemos de fazer isso. Esses demônios são grandes covardes; uma vez que Deus toma posse total de alguém, não há pelo que temer, mesmo que todo o inferno esteja solto sobre ele. Alguém que trabalha em um matadouro não tem medo de mil ovelhas; e uma pessoa a quem Deus fortalece pode derrotar todas as hostes do inferno e não precisa temer todas as provações da vida, sejam elas quais forem. "Se Deus é por nós, quem será contra nós?" (Romanos 8:31).

Para encerrar, há dois ou três pensamentos que considero dignos de serem lembrados. O primeiro é este: queridos irmãos, vemos neste texto que o menor serviço é consistente com o maior prazer. Os anjos são os nossos cuidadores: "Eles te sustentarão nas suas mãos" (Salmos 91:12), assim como as cuidadoras seguram as criancinhas que não conseguem ficar de pé sozinhas. Esses anjos contemplam continuamente a face de Deus e vivem na perfeita bem-aventurança do céu, mas condescendem em praticar atos humildes como esses. Queridos irmãos, sejam como os anjos neste aspecto; ensinem uma classe infantil na escola dominical, mas mantenham seu rosto resplandecente com a luz do semblante de Deus. Distribuam folhetos, visitem os pobres, cuidem das mulheres caídas ou façam qualquer outra obra para o Senhor que precise ser feita. Não importa o que seja, mas se lembrem de que o serviço é ainda mais honroso porque parece ser tão comum. Creio que Cristo nunca foi mais grandioso do que quando lavou os pés dos seus discípulos; certamente, nunca somos mais parecidos com Ele do que quando também

OS MODOS DESIGNADOS POR DEUS PARA A PROTEÇÃO ANGÉLICA 87

estamos dispostos a lavar os pés dos discípulos ou a prestar qualquer serviço humilde de que possam precisar.

O próximo pensamento é: assim como os anjos cuidam de nós, com que alegria devemos cuidar uns dos outros! Com que alegria vocês, que são mais velhos na vida divina, deveriam zelar pelos mais jovens da família do Senhor! Se Deus permite que vocês tenham alguma alegria dos anjos pelos pecadores arrependidos, lembrem-se de tomar um pouco do cuidado que os anjos exercem sobre aqueles que andam nos caminhos de Deus. O que eu, o pastor desta enorme igreja, e meu irmão, e todos os presbíteros podemos fazer para cuidar de mais de cinco mil de vocês? Vocês devem pastorear-se em grande medida. Cuidem uns dos outros. "Levai as cargas uns dos outros e assim cumprireis a lei de Cristo" (Gálatas 6:2). Visitem-se em suas doenças; procurem trazer de volta a Cristo e à igreja todos os desviados que vocês puderem encontrar; trabalhem pelo bem uns dos outros; pois somente dessa maneira nossa tarefa pode ser realizada, e vocês serão como os anjos se sustentarem os fracos em suas mãos, para que não tropecem e caiam devido a graves feridas.

Então, a seguir, quão seguros e felizes devemos nos sentir ao sabermos que Deus deu ordem aos anjos para cuidar de nós! Não fique nervosa, minha querida irmã, da próxima vez que houver uma pequena tempestade, ou mesmo uma grande. Não tenha medo, meu querido amigo, quando a doença entrar em sua casa. Não fique assustado, como talvez você fique, ao ouvir que a febre atacou na casa de seu vizinho. Lembre-se da promessa que precede o nosso texto: "Porque tu, ó Senhor, és o meu refúgio! O Altíssimo é a tua habitação. Nenhum mal te sucederá, nem praga alguma chegará à tua tenda." (Salmos 91:9-10) Mas suponha que pareça certo ao Senhor permitir que a praga chegue até você, e suponha que você morra dela; bem, mais cedo você estará no céu. Portanto, consolem-se mutuamente com o pensamento de que tudo está bem com vocês, desde que se mantenham no caminho do dever.

88 O GRANDE EXÉRCITO DE DEUS

E, por último, quão santo deveríamos ser com seres tão santos cuidando de nós! Se os anjos estão sempre pairando ao seu redor, prestem atenção no que vocês estão fazendo. Você, meu querido amigo, teria falado como falou quando entrou por aquela porta se tivesse visto um anjo parado ao seu lado, ouvindo o que você estava dizendo? Ah, não, você é maravilhosamente decoroso quando há alguém que você respeita por perto! Quantas vezes sua língua loquaz é controlada quando há algum homem ou mulher cristão por perto a quem você tem grande estima! Quantas coisas são feitas que não seriam feitas sob o olhar de quem você ama! Não é apenas verdade que "as aves dos céus levariam a voz e o que tem asas daria notícia da palavra" (Eclesiastes 10:20); mas também é ainda mais verdadeiro que há anjos cuidando de nós. Paulo escreveu aos coríntios que uma mulher na assembleia pública deveria ter a cabeça coberta por causa dos anjos — um certo decoro era devido por causa dos anjos que estavam lá (Coríntios 11:10); e estou certo de que posso usar o mesmo argumento em relação a todas as nossas ações. Estejamos sozinhos ou acompanhados, não pequemos, porque os anjos estão sempre nos observando, e além dos anjos, o Senhor também está nos observando. Que Ele graciosamente nos guarde em seu caminho santo; e se assim formos guardados, seremos preservados de todo mal enquanto estivermos aqui; e, finalmente, veremos seu rosto com alegria e permaneceremos com Ele para sempre. Quisera Deus que todos os que estão agora presentes estivessem no caminho santo. Lembro vocês mais uma vez de que a entrada é por uma porta que tem a marca de sangue na verga e nos dois umbrais: "E aquele sangue vos será por sinal" (Êxodo 12:13), "Crê no Senhor Jesus Cristo e serás salvo" (Atos 16:31).

SERMÃO PROFERIDO NA NOITE DE 22 DE AGOSTO DE 1875.

5

UMA OUTRA E MAIS NOBRE EXPOSIÇÃO

Para que, agora, pela igreja, a multiforme sabedoria de Deus
seja conhecida dos principados e potestades nos céus.

Efésios 3:10

O MUNDO todo tem falado durante os últimos três dias do esplêndido espetáculo que adornou a abertura da Exposição Internacional.[17] Multidões reuniram-se no Palácio da Arte Universal; representantes de todas as nações da Terra viajaram muitos quilômetros para ver suas maravilhas; personalidades eminentes de todos os impérios apareceram no magnífico espetáculo, e tal cena brilhou diante dos olhos de todos, nunca igualada em todos os aspectos, e pode não

---

[17] A Exposição Internacional de Indústria e Arte de Londres de 1862 foi uma exposição mundial realizada entre 1 de maio e 1 de novembro de 1862, junto aos jardins da Royal Horticultural Society, South Kensington. Foi uma exibição principalmente dos mais recentes avanços tecnológicos da Revolução Industrial.

90 O GRANDE EXÉRCITO DE DEUS

encontrar por muitos anos uma sucessora que rivalize com ela. Qual o motivo de todos esses ajuntamentos? Por que vocês se reúnem, todas as nações? Por qual motivo vieram para cá, contempladores filhos dos homens? Certamente sua resposta deve ser que vocês se reuniram para que possam ver a multiforme sabedoria *humana*. Enquanto eles caminham pelos corredores da grande exposição, o que veem senão a habilidade humana, primeiro nesta área, e depois na outra — em um momento no grandioso, no seguinte no minúsculo —, em um instante numa obra de elegância em ornamento, no próximo em um trabalho de habilidade e utilidade: "a multiforme sabedoria", obras e produções de muitas mentes, os diferentes matizes e cores do pensamento, incorporados às várias máquinas e estátuas, e assim por diante, que a habilidade humana foi capaz de produzir. Nós lhe garantimos que Deus foi reconhecido ali com muita razão, tanto na oração solene do arcebispo quanto no hino do laureado;[18] mas ainda assim o grande objetivo, afinal, era contemplar a multiforme sabedoria do ser humano; e se Ele tivessem tirado a habilidade e a arte do ser humano, o que teria sobrado? Irmãos, que os maiores resultados possam surgir dessa reunião! Não devemos esperar que isso, ou qualquer outra coisa que não seja o evangelho, algum dia traga o reino universal de paz; nunca devemos recorrer à arte e à ciência para alcançar aquele triunfo que está reservado para a Segunda Vinda do Senhor Jesus Cristo; contudo, que ela espalhe os sentimentos de benevolência — que una os filhos dispersos de Adão, que ajunte em uma união feliz e abençoada as famílias dos seres humanos que foram espalhadas em Babel (Gênesis 11:1-9), e que prepare o caminho e abra os portões para que o evangelho possa prosseguir até os confins da Terra!

---

[18] Um poeta laureado é um poeta apontado oficialmente por um governo e se espera frequentemente do poeta a composição de poemas para eventos do Estado, além de outros eventos governamentais. À época, era Alfred Tennyson.

UMA OUTRA E MAIS NOBRE EXPOSIÇÃO **91**

No entanto, não tenho a intenção de conduzir a sua atenção para as maravilhas que lotam a área do enorme templo de 1862. Convido vocês, antes, a acompanhar-me a uma exposição mais nobre do que essa, uma na qual multidões se reúnem — não de mortais, mas de espíritos imortais. O templo não é de arte e ciência, mas de graça e bondade, construído com pedras vivas, cimentadas com as cores claras do sangue expiatório, "edificados sobre o fundamento dos apóstolos e dos profetas, de que Jesus Cristo é a principal pedra da esquina" (Efésios 2:20) — aquele templo, a igreja do Deus vivo, "a coluna e firmeza da verdade" (1 Timóteo 3:15). Nesse grande palácio aglomeram-se dez mil vezes dez mil membros da hoste de Deus, "querubins e serafins", ou por quaisquer outros nomes que essas inteligências resplandecentes possam ser conhecidas entre si — "principados e potestades", os diferentes graus na hierarquia dos espíritos imortais, se é que existe tal hierarquia — todos eles são representados como contemplando atentamente a maravilhosa estrutura que Deus criou. Ao longo dos corredores daquela igreja, ao longo dos tempos de suas dispensações, estão os vários troféus da graça e do amor divinos — os porta-joias de virtudes e graças que adornam o cristão, as lembranças dos triunfos obtidos sobre o pecado e a dureza do coração, e de vitórias alcançadas sobre a tentação e a provação; e à medida que os espíritos caminham por esses corredores cheios da obra divina, eles ficam parados, olham, admiram e se maravilham, e aceleram seu caminho para o céu, e cantam mais alto do que antes "aleluia" ao Deus cuja multiforme sabedoria eles contemplaram na igreja de Deus na Terra.

Amados amigos, nosso texto é estranho, pois, apesar de os anjos, as mais velhas das criaturas quando comparadas a nós, estarem com Deus há muito tempo, no entanto não sei se alguma vez foi dito que por qualquer outra coisa eles aprenderam "a multiforme sabedoria de Deus". Eles estavam com Deus quando Ele fez a Terra e os céus; talvez durante aqueles longos períodos em que a Terra estava se formando — "No princípio",

92 O GRANDE EXÉRCITO DE DEUS

quando "criou Deus os céus e a terra" (Gênesis 1:1), os anjos costumavam visitar este mundo e ver vivas e em sua glória aquelas formas estranhas de mistério que agora desenterramos da terra como fósseis. Certamente, naquele dia em que "a terra era sem forma e vazia; e havia trevas sobre a face do abismo" (Gênesis 1:2), os anjos conheceram o tesouro escondido; e quando Deus disse "Haja luz. E houve luz" (Gênesis 1:3), quando aquele primeiro raio de luz parecia um dedo vivo para tocar a Terra e despertá-la para a beleza, então dedos seráficos tocaram suas harpas celestiais, e "as estrelas da alva juntas alegremente cantavam, e todos os filhos de Deus rejubilavam" (Jó 38:7). No entanto, não sei se eles estiveram com o Grande Artesão durante os sete dias da criação, embora tenham visto "o gado conforme a sua espécie, e as aves do céu conforme a sua espécie", e os peixes do mar, e todos as plantas e ervas (Gênesis 1:11-25), mas não vejo que em tudo isso lhes foi manifestada "a multiforme sabedoria de Deus". Não, e mais: quando o homem, a última obra do Mestre, caminhou pelo Éden — quando, com sua bela consorte ao seu lado (Gênesis 2), ele se levantou para louvar ao Criador, embora ele de "um modo terrível e tão maravilhoso foi formado" (Salmos 139:14), embora em sua mente e em seu corpo houvesse uma demonstração de sabedoria sem precedentes — ainda assim, não vi que mesmo no homem, como criatura, foi manifestada "a multiforme sabedoria de Deus". Sim, e mais do que isso: quando outros mundos foram criados, quando as estrelas foram acesas como chamas resplandecentes pela luz da Divindade, se houver outros povos, e outros grupos, e outras tribos naquelas miríades de terras distantes, eu não encontrarei na criação de todas aquelas hostes de mundos que circundam os vastos campos do éter que então foi manifestada aos espíritos celestiais "a multiforme sabedoria de Deus". Não, e mais: em todas as dispensações da Providência divina fora da igreja, em todas as rotações sobrenaturais daquelas rodas maravilhosas que estão cheias de olhos (Ezequiel 1:15-21), fora da igreja, não foi manifestada a esses seres a sabedoria de Deus em toda sua extensão. Ah! e, irmãos, lembrem-se mais uma vez que eles com olhos não ofuscados olham para a glória daquele que está sentado no trono, na medida em que ela pode ser vista pela visão criada; eles contemplam a visão beatífica; eles estão brilhando nos esplendores da Deidade e velam seus rostos quando clamam em seu escabelo: "Santo, Santo, Santo é o Senhor dos Exércitos" (Isaías 6:1-4); e ainda assim, embora estejam, por assim dizer, ao Sol, embora sejam as principais de todas as criaturas, mais próximas do trono eterno, não leio que por tudo isso eles tenham aprendido, no sentido mais elevado, "a multiforme sabedoria de Deus".

Que ideia, então, isso nos dá da importância da igreja! Irmãos, nunca desprezemos mais o pior membro dela, visto que há mais para ser visto na igreja do que na criação em sua máxima amplitude; mais da sabedoria de Deus na salvação das almas do que na construção dos arcos do céu; não, há mais de Deus para ser visto do que até mesmo o céu, com todos os seus esplendores, poderia revelar. Oh! Abramos os olhos para não perdermos aqueles mistérios divinos que os anjos desejam investigar!

Já expliquei o significado do texto; temos, portanto, apenas que dirigir sua atenção para aqueles pontos de interesse sobre os quais a inteligência angélica certamente permaneceria; e oraremos para que, enquanto mencionamos isso, nossos corações sejam levados a meditar muito sobre a multiforme e variada sabedoria de Deus demonstrada na igreja que Cristo comprou com seu sangue (Atos 20:28).

I

E primeiro, queridos irmãos, pensamos que o grande objeto de atenção da igreja aos principados e potestades é *o esquema e plano de salvar a igreja*. É isso que eles tanto admiram e se maravilham. Tem sido dito por outros com muita propriedade que, se uma assembleia de todos os espíritos no

94 O GRANDE EXÉRCITO DE DEUS

céu e na Terra tivesse sido realizada, e se a essa assembleia geral tivesse sido confiado ordenar e estabelecer um plano pelo qual Deus pudesse ser justo e ainda assim o justificador dos ímpios, todos eles teriam falhado em cumprir a tarefa. Essas mentes elevadas, sem dúvida, consideram com prazer o fato de que, no modo como Deus salvou a sua igreja, todos os seus atributos brilham com esplendor inalterado. Deus é justo; eles sabem disso no céu, pois viram Lúcifer cair como um raio quando Deus o expulsou de sua morada por causa do pecado (Isaías 14:12, 15). Deus é justo; tanto quanto foi no Calvário, onde seu Filho pendeu e sangrou, "o justo pelos injustos, para levar-nos a Deus" (1Pedro 3:18), assim como Ele foi justo quando derrubou o Filho da Manhã. Os anjos veem na salvação esta grande maravilha de justiça e paz abraçando-se mutuamente — Deus tão rigorosamente justo como se não houvesse uma partícula de misericórdia em seu ser, ferindo seu Filho pelo pecado de seu povo com toda a força de seu poder — Deus, contudo, tão misericordioso como se não fosse justo, abraçando o seu povo como se ele nunca tivesse pecado nem transgredido. Eles entendem como Deus odiou tanto o pecado que o vingou em seu Unigênito, e ainda assim "Deus amou o mundo de tal maneira que deu o seu Filho Unigênito, para que todo aquele que nele crê não pereça, mas tenha a vida eterna" (João 3:16). Assim como nas coroas dos príncipes orientais as joias mais preciosas brilhavam agrupadas, em uma coroa maravilhosa todos os atributos infinitos de Deus brilham ao mesmo tempo em toda a sua glória combinada ao redor da tua cruz, ó Jesus, maravilha da Terra e prodígio do céu! Essa dificuldade, tão deliciosamente enfrentada, tão completamente eliminada pela expiação de Cristo, faz com que os anjos contemplem "a multiforme sabedoria de Deus".

Além disso, quando os anjos veem que, por meio desse grandioso plano toda a ruína que o pecado trouxe à humanidade foi removida, eles novamente se maravilham com a sabedoria de Deus; e quando notam especialmente a maneira como ela foi removida, os métodos estranhos

Uma outra e mais nobre exposição   95

e misteriosos que Deus usou para remover a pedra da porta do sepulcro humano, eles se curvam ainda mais com admiração. Perdemos o Éden em Adão? Eis que o Senhor Jesus Cristo nos deu algo melhor que o Paraíso! Perdemos a dignidade da condição humana? Eis que hoje nós a recuperamos em Cristo: "Todas as coisas lhe sujeitaste debaixo dos pés" (Hebreus 2:8). Perdemos a pureza imaculada? Novamente obtivemos isso em Cristo; pois somos justificados pela sua justiça e lavados no seu sangue (Romanos 5:9). Perdemos a comunhão com Deus? Nós a obtivemos hoje, pois "temos entrada pela fé a esta graça, na qual estamos firmes" (Romanos 5:2). Perdemos o próprio céu? Ah! o céu é nosso novamente; pois nele obtivemos uma herança, e Ele "nos fez idôneos para participar da herança dos santos na luz" (Colossenses 1:12). E todo esse dano é feito para se autodestruir, com Deus anulando-o para que ele mesmo seja sua própria destruição; a serpente foi morta por sua própria peçonha; Golias morreu com sua própria espada (2Samuel 17:51); a morte é exterminada pela morte do homem que foi crucificado (1Coríntios 15:55-56); o pecado é eliminado pela grande oferta pelo pecado, "levando ele mesmo em seu corpo os nossos pecados sobre o madeiro" (1Pedro 2:24); a sepultura é atormentada por sua própria vítima, já que Cristo foi feito cativo por ela. Satanás expulsa Satanás neste caso. Ressuscitamos por um homem como por um homem caímos: "assim como todos morrem em Adão, assim também todos serão vivificados em Cristo" (1Coríntios 15:22). O miserável em quem Satanás triunfou é o miserável em quem Deus é glorificado. Foi o ser humano quem Satanás procurou fazer instrumento da desonra divina, e é no ser humano que Deus triunfa sobre todas as artimanhas e crueldades do inferno. Os anjos se maravilham com isso, pois contemplam esse esquema de salvação indo de encontro a todos os males, e indo de encontro em seu próprio terreno, "a multiforme sabedoria de Deus".

96 O grande exército de Deus

Observem, também, que por meio do grande esquema de salvação pela expiação, Deus é mais glorificado do que teria sido se não houvesse queda e, consequentemente, não houvesse espaço para redenção. Os anjos admiram "a multiforme sabedoria de Deus" em toda a história da raça humana, vendo que em toda ela, do início ao fim, Deus é mais glorificado do que teria sido se tudo tivesse sido escrito em letras de ouro, sem nenhum pecado ou sofrimento por parte da raça humana. Ó Senhor! Quando tu permitiste por um momento que teu povo se desviasse como ovelhas perdidas, poderia ter havido silêncio no céu, já que teu inimigo havia triunfado, já que os preciosos que tu amavas haviam sido entregues nas mãos do inimigo; quando as joias de Cristo foram perdidas por um curto período em meio ao barro lamacento e às ruínas da queda, poderia ter havido um enrolar da bandeira do SENHOR; pois talvez parecesse aos anjos que Deus havia sido derrotado em sua maior exaltação. Contudo, quando Cristo voltar "de Edom, com vestidos tintos de Bozra" (Isaías 63:1), usando sobre sua cabeça real a coroa na qual estão firmemente colocadas todas as joias que antes estavam nas mãos do inimigo — quando o pastor voltar das montanhas, carregando sobre seus ombros a ovelha perdida que se extraviou, haverá mais alegria no céu pelas perdidas que são reencontradas do que poderia haver por todas elas se nunca tivessem se extraviado (Lucas 15:4-7). Os graves profundos da queda aumentarão a canção da restauração; os gemidos ocos, como pareciam ser quando ouvidos sozinhos, apenas farão parte da grande onda da canção eterna, ao ressoar até o trono do Senhor Deus dos Exércitos. Irmãos, se vocês pensarem por um momento em toda a obra de Deus, considerando nela a queda como sendo prevista e conhecida de antemão, até o dia em que toda a semente escolhida se reunirá ao redor do trono, acho que vocês ficarão impressionados com sua glória como um todo. Estava dentro do alcance do poder de Deus criar criaturas que o amassem, criar seres que estivessem ligados a Ele pelos laços mais estreitos; no

UMA OUTRA E MAIS NOBRE EXPOSIÇÃO   97

entanto — falo isto com reverência —, não vejo como a própria onipotência, além da queda e da redenção pelo sacrifício de Cristo, quando Ele se entregou para morrer por nós, poderia ter engendrado criaturas como os redimidos serão no céu. Irmãos, se nunca tivéssemos caído nem tivéssemos sido redimidos, nunca poderíamos ter cantado sobre a graça que redime e o amor que morre. Não poderíamos fazer isso, e os anjos também não poderiam; não poderíamos conhecer as alturas e as profundezas, os comprimentos e larguras do amor de Cristo que excede todo entendimento (Efésios 3:18). Banqueteados com comida celestial, poderíamos ter admirado sua generosidade, mas não como fazemos agora quando comemos a carne de Cristo; feitos para beber o vinho extraído dos próprios cachos do céu, poderíamos ter bendito o anfitrião da festa, mas não como podemos fazer agora, quando bebemos o sangue de Jesus como nosso vinho doce (João 6:54-56); puros e santos, poderíamos tê-lo louvado, e deveríamos tê-lo feito, mas não como podemos agora, quando "lavamos as nossas vestes e as branqueamos no sangue do Cordeiro" (Apocalipse 7:14). Existe agora uma relação mais próxima do que poderia ter havido de qualquer outra forma, se Deus não tivesse feito uma aliança com a humanidade e consigo mesmo, se o Verbo não tivesse sido feito carne e habitado entre nós (João 1:14). Digo que pode ter havido outros planos, mas certamente nenhuma mente mortal pode conceber qualquer outro. Parece ser o mais maravilhoso, o mais divino, o mais sublime, que uma criatura se tornará perfeitamente livre; que essa criatura transgredirá, descobrirá a justiça de Deus por meio da punição imposta a um substituto (Gálatas 3:13), mas aprenderá o amor de Deus por esse substituto ser o próprio Deus. Tal criatura foi ordenada para estar ligada ao Eterno por laços de relacionamento filial, por laços de afeto tão fortes que as dores da tortura e as chamas do fogo não poderão separá-la do amor de Deus; e no céu, essa criatura sentirá que não deve nada a si mesma, nada aos seus próprios esforços naturais, mas tudo a quem a amou e a comprou com seu sangue (Atos 20:28); e, portanto, esse ser cheio de gratidão louvará a Deus de uma forma superior, em muitos graus, a qualquer outra. Ó queridos amigos, creio que se estudarmos o assunto por algumas horas a sós, veremos que em nada do que Deus fez há tanta descoberta de sua sabedoria como no plano do amor redentor. Circulem ao redor da igreja, ó anjos do Senhor; marquem bem os seus baluartes e contai as suas torres; considerem seus palácios; contemplem a força inexpugnável dos compromissos da aliança; vejam a grandeza e a amplitude do amor eletivo; eis a veracidade e a exatidão das promessas divinas; vejam a plenitude da graça e a eficácia no sangue perdoador; vejam a fidelidade e a imobilidade da afeição divina, uma vez colocadas nos seres humanos; e quando tiverem admirado o todo, voltem, espíritos angélicos, e mais docemente do que antes, unam-se a nós em nossa canção: "Digno é o Cordeiro, que foi morto, de receber honra, e ações de graças, a majestade, o poder, e o domínio para sempre" (Apocalipse 5:12).

II

Em segundo lugar, sem dúvida a sabedoria de Deus é dada a conhecer aos anjos e aos principados nas *diversas dispensações pelas quais a igreja passou.* No início, a igreja era de fato um pequeno rebanho, alguns escolhidos da grande massa — Abrão, o arameu, prestes a perecer, e alguns piedosos em sua casa. Então o riacho se alargou um pouco e surgiram doze tribos; e logo a dispensação ficou mais clara; Moisés foi levantado, e também Arão, a quem Deus havia escolhido. Então os anjos desejaram examinar os ritos e as cerimônias típicos daquela antiga dispensação. Eles foram retratados em pé no propiciatório, com as asas estendidas e os rostos curvados para baixo, como se quisessem de bom grado contemplar o segredo que a tampa dourada escondia. Sem dúvida, à medida que contemplavam o sacrifício, fosse o holocausto, a oferta pacífica ou a oferta pela expiação do pecado — à medida que viam as magníficas cerimônias do tabernáculo, ou os ritos ainda mais esplêndidos do templo, eles admiraram a sabedoria de Deus, como fora apresentada no símbolo obscuro e na sombra; quanto mais eles devem tê-la admirado, quando o Sol da Justiça surgiu com a cura sob suas asas (Malaquias 4:2), quando eles viram o sacrifício substituído pela única grande oferta e o sumo sacerdote em prol dos seres humanos que, tendo uma vez oferecido um sacrifício eterno, sentou-se à direita da Majestade nas altura (Hebreus 10:12); como eles têm se maravilhado desde então, à medida que verdade após verdade tem sido exposta na experiência daqueles que creem, à medida que doutrina após doutrina tem sido revelada à igreja de Cristo pelas iluminações do Espírito Santo! Ó irmãos! Quando comparam o passado com o presente, e novamente, o presente com o passado, a escolha da oliveira judaica e a exclusão do resto das árvores, e logo, o enxerto dos gentios no zambujeiro e a expulsão dos ramos naturais (Romanos 11:17-36), quanto os anjos devem ter admirado a singular variedade das dispensações de Deus, quando sabem, como certamente sabem, que sua graça permanece a mesma!

Ao subir ou descer uma montanha elevada, ficamos impressionados com a súbita mudança de vistas. Vocês olharam para a direita agora há pouco e viram uma cidade populosa na planície; então vocês contornam uma esquina e, ao olhar por uma brecha na floresta, veem um amplo lago; e em um momento ou dois, a estrada serpenteia novamente, e vocês veem um vale estreito e outra cadeia de montanhas além. Cada vez que vocês fazem uma curva, uma nova cena lhes é apresentada. Assim pareceria aos espíritos angélicos. Quando eles começaram a subir a colina onde a igreja está erguida, "Monte Sião, que está acima, a mãe de todos nós" (Gálatas 4:26), contemplaram a sabedoria de Deus — manifestada como Abraão a viu; uma curva na estrada, e eles a viram como Moisés a viu; outra curva, e tiveram uma visão como aquela que Davi costumava contemplar; e depois, ao ascenderem para uma luz mais clara, e as névoas que pairavam sobre a encosta da montanha serem todas dissipadas e caírem em uma graciosa chuva de graça, eles viram a sabedoria de Deus como os apóstolos a viram quando estavam no monte das Oliveiras; e desde então, através de todas as provações da igreja, à medida que os dezoito séculos se passaram desde que o Mestre subiu ao céu, eles têm constantemente captado novos pontos de vista e contemplado novas manifestações da multiforme e perene sabedoria do Deus imutável, conforme ela se manifesta no relacionamento estabelecido entre Deus e a igreja. Assim, tanto nas dispensações passadas quanto na presente revela-se aos principados e às potestades "a multiforme sabedoria de Deus".

III

Em terceiro lugar, para sermos breves em cada ponto, podemos concluir, sem qualquer dúvida, que eles veem principalmente a sabedoria de Deus na sua igreja, *no cabeça e representante da aliança da igreja*. Oh! Quando ouviram pela primeira vez que o Senhor da vida e da glória se tornaria carne e habitaria entre nós (João 1:14), como devem ter admirado o plano da descida de Cristo do céu à Terra para que os seres humanos pudessem subir ao céu! O bebê na manjedoura comandou todas as canções entoadas pelos anjos. Quando viram aquele bebê tornar-se homem e o ouviram pregar, como devem ter ficado maravilhados com a sabedoria de enviar o próprio Deus para ser o próprio profeta de Deus! Quando viram aquele homem vivendo uma vida de perfeita santidade, como devem ter batido palmas ao pensar que o ser humano poderia ver a perfeição agora no próprio eu de Deus envolto em forma humana! E quando se tratou da expiação, e eles aprenderam que o povo de Deus deveria ser crucificado em Cristo (Gálatas 2:20), quão impressionados eles devem ter ficado, quando pela primeira vez ocorreu-lhes o pensamento de que toda a multidão dos eleitos deveria suar grandes gotas de sangue por intermédio de um homem (Lucas 22:44), que eles seriam flagelados, açoitados, machucados e cuspidos em um só homem (João 19:1; Mateus 26:67-68), que a multidão dos escolhidos deveria carregar a cruz de sua condenação sobre os ombros de um homem, que aquele homem era por todos eles, para assumir toda a carga de culpa e, pregado no madeiro, sangrar sua vida por todo o corpo. Oh! Eu digo, quando eles viram aquele homem humilde, com todos os pecados de todo o grupo escolhido repousando sobre seus ombros, e souberam que tal homem solitário era Deus — capaz de carregar tudo —, eles devem ter ficado maravilhados, de fato, com a sabedoria de Deus. E quando aquele homem triunfante gritou "Está consumado!" (João 19:30), tendo sorvido o cálice da condenação até a última gota, até que não restasse nem uma gota negra para outro dos eleitos beber, quando aquele homem desceu à sepultura, e todo o grupo de fiéis foi sepultado com Ele (Romanos 6:4), oh, como os anjos se maravilharam! Quando novamente eles viram o segundo Adão rompendo suas vestes (1Coríntios 15:45-46), despedaçando as correntes da morte como se, como outro Sansão, tivesse quebrado o junco verde dos filisteus como se não passassem de estopa, quão surpresos eles ficaram ao pensarem que os eleitos ressuscitaram naquela pessoa glorificada (Colossenses 3:1)! E quando aquele homem foi recebido no céu, e a nuvem o escondeu da vista dos mortais (Lucas 9:34), como eles se alegraram ao vê-lo ascender! Muito mais se alegraram ao pensar que nós também ressuscitamos nele, e nele subimos ao alto — sim, toda a igreja, levando cativo o seu cativeiro! Quando aquele personagem representativo, aclamado além de qualquer medida, subiu ao trono do Pai e sentou-se à direita da gloriosa Majestade nas alturas (Marcos 16:19), quão maravilhosa deve ter sido a admiração dos espíritos angélicos quando pensaram que havíamos ressuscitados com Ele e que Ele nos fez sentar juntos nos lugares celestiais em Cristo Jesus! Talvez não exista doutrina que seja mais surpreendente para os cristãos do que essa. Sei que se quisermos um tema que amplie a nossa mente, o tema da união dos escolhidos com Cristo é certamente o mais expansivo.

> Ó união sagrada, firme e forte,
> Quão grande é a graça, quão doce é a canção,
> Que os miseráveis da terra deveriam existir
> Com a Deidade encarnada em união!
>
> Um quando Ele morreu, um quando Ele ressuscitou,
> Um quando Ele sobre seus inimigos triunfou;
> Um quando no céu Ele se assentou,
> E os anjos cantaram quando o inferno derrotou.
>
> Esse laço sagrado proíbe todos os medos,
> Pois tudo o que Ele tem e é possuímos;
> Com Ele, nosso cabeça, de pé ficamos ou caímos,
> Nossa vida, nossa garantia e nosso tudo.

Ao constituir, assim, Cristo como o cabeça da aliança e o representante dos eleitos em todas as suas várias formas e matizes, "a multiforme sabedoria de Deus" foi descoberta pelos seres angélicos.

IV

Embora esse fosse um tema que poderia exigir uma pregação inteira, nós o deixamos imediatamente por outro. Em quarto lugar, a multiforme sabedoria de Deus é manifestada aos principados e às potestades *na conversão de cada filho de Deus*.

Existem alguns implementos muito singulares na Grande Exposição a qual me referi anteriormente; feitos maravilhosos da habilidade humana. Há, no entanto, algo que eles não têm lá, mas que pode ser encontrado

UMA OUTRA E MAIS NOBRE EXPOSIÇÃO **103**

na igreja do Deus vivo: um derretedor de corações, um instrumento para transformar pedra em carne. Existem invenções para derreter granito e para liquefazer pederneiras, mas conheço apenas uma invenção, e que não pode ser encontrada em nenhuma exibição terrestre, para derreter a inflexibilidade do coração humano. Agora, quando o Senhor leva o profano, ou o infiel, ou o fariseu orgulhoso e hipócrita, ou algum pecador altivo, intimidador e indiferente, e lança seu coração em uma fonte cheia do sangue de Jesus, e então começa a torná-lo penitente, os anjos veem a incomparável sabedoria de Deus. Tenho certeza de que também não há na Exposição um instrumento chamado curador de corações; uma invenção para restaurar corações partidos e torná-los um novamente, curando todas as suas feridas; mas o Senhor se agrada do mesmo instrumento pelo qual quebra corações para curá-los. Aquele sangue que derrete a pederneira nos restaura o coração de carne. Tendo primeiro derretido o coração, depois Ele mostra sua habilidade incomparável ao eliminar o desespero, o desânimo e o terror, e dar à pobre consciência paz perfeita e descanso, ou melhor, exultante alegria e liberdade ilimitada. Ao verem os anjos o orgulhoso dobrar os joelhos, ao ouvi-lo em seu quarto silencioso abrir seu coração em suspiros e gemidos, eles dizem: "Está bem, grande Deus; está bem!"; e ao vê-lo descer daquele quarto com os pés leves e o coração alegre porque seu pecado foi totalmente perdoado, com todos os seus gemidos transformados em canções, os anjos dizem: "Está bem, grande Deus; está bem; tu feres, mas tu curas; tu matas e tu dás vida" (Deuteronômio 32:39). A conversão é o maior prodígio que conhecemos. Se hoje não existem milagres, acreditem em mim, devo estar cego e surdo. E vocês dizem: "Que milagres?". Eu respondo: "Não milagres em rochas feridas que produzem rios de água ou mares que são divididos por cajados de profetas (Números 20:11), mas milagres em corações e consciências obedientes ao poder santo e celestial". Tenho visto em minha curta vida mais milagres e mais sinais do que Moisés já realizou, maravilhas tão

104 O GRANDE EXÉRCITO DE DEUS

grandes quanto as que o próprio Cristo Jesus já realizou em carne e sangue; pois são seus milagres hoje que são realizados por meio do evangelho. Neste exato momento, eu poderia apontar para alguns nestas galerias e neste andar térreo, e pedir-lhes que contassem quais milagres Deus fez por eles, e como eles aqui estão circundados de felicidade hoje, reunidos para o louvor de Deus; pessoas que já foram tudo o que era vil; mas elas foram lavadas e santificadas (1Coríntios 6:11). As lágrimas começam a surgir nos olhos dessas pessoas agora mesmo, quando pensam no copo do bêbado e nas blasfêmias do blasfemador com os quais antes estavam tão familiarizados; ah! e também quando se lembram dos antros e esconderijos de sujeira e de lascívia que eles conheceram; mas agora eles estão aqui, amando e louvando ao seu Senhor. Oh! Há alguns nesta casa hoje que, se pudessem falar, diriam que são os maiores pecadores saídos do inferno e as maravilhas mais poderosas vindas do céu. Se o nosso evangelho estiver oculto, ele estará oculto apenas para aqueles que voluntariamente fecharem os olhos para ele. Ao verem prostitutas recuperadas, ladrões, bêbados, blasfemadores transformados em santos do Deus vivo, não nos digam que o evangelho perdeu seu poder. Ó senhores! Não sonhem que acreditaremos em vocês enquanto pudermos ver esse poder, enquanto pudermos senti-lo em nossas próprias almas, enquanto todos os dias ouvirmos falar de conversões, enquanto raramente passar uma semana sem que algumas dezenas de tições sejam tirados do fogo eterno. E, digo mais, se a igreja de Deus na Terra admira essas conversões, o que devem fazer os anjos que estão mais familiarizados com a culpa do pecado, e conhecem mais a beleza da santidade, e compreendem melhor o coração secreto do ser humano do que nós? Como devem eles admirar com alegria e exultação cada conversão distinta, visto que apresenta fases diferentes de qualquer outra, a "multiforme sabedoria de Deus!". Assim como o engenhoso brinquedo chamado caleidoscópio apresenta a cada virada uma nova forma de beleza, os diferentes convertidos que são levados a Cristo pela pregação da

Palavra são cada um diferente dos outros; há algo que distingue cada caso; portanto, até a última letra do nosso texto é comprovada por meio deles; também por meio deles a multiforme sabedoria, a muito variada sabedoria de Deus, é exibida. Às vezes tenho entendido a palavra "multiforme" como uma comparação da graça a um tesouro precioso que está embrulhado de muitas formas, primeiro esta, depois a seguinte, e então a próxima deve ser desdobrada, e à medida que desembrulha dobra após dobra, você encontra algo precioso cada vez. Contudo, demorará muito até que nós tenhamos desembrulhado a última dobra e tenhamos encontrado a sabedoria de Deus em seu brilho puro e resplandecente, armazenada dentro de si enquanto os anjos a contemplam na igreja do Deus vivo.

V

O tempo está escasso, portanto, devo deixar pontos sobre os quais gostaria de me debruçar. Os principados e as potestades até hoje encontram grandes oportunidades para aprender a sabedoria de Deus nas *provações e experiências dos cristãos*, na sabedoria que os submete à prova, na graça que os sustenta nela, no poder que os tira dela, na sabedoria que supera as provações para o seu bem, na graça os torna capazes de suportar a provação ou os fortalece para carregar o fardo. Eles veem sabedoria na prosperidade dos cristãos quando os pés deles ficam como os de uma corça sobre lugares altos; eles também veem sabedoria no desânimo dos cristãos quando mesmo nas profundezas eles ainda dizem: "Ainda que ele me mate, nele esperarei" (Jó 13:15). Assim como cada dia nos traz o pão cotidiano, assim também cada dia traz ao céu o seu tema diário de maravilha, e os anjos recebem novos estoques de conhecimento da experiência sempre nova do povo de Deus. Eles hoje se inclinam das ameias do céu para contemplar vocês, cristãos provados; como fez o rei da Babilônia, eles olham para a sua fornalha e veem o quarto homem com vocês,

106 O grande exército de Deus

o Filho de Deus (Daniel 3:23-25). Eles seguem seus rastros no deserto, ó filhos de Israel; eles veem os lugares do seu acampamento e a terra para onde se apressam; e ao marcar a coluna de nuvem de fogo que os conduz e o anjo da casa de Deus que lidera a vanguarda e puxa a retaguarda (Êxodo 13:21-22), eles descobrem em cada passo do caminho a maravilhosa sabedoria de Deus.

VI

E por último, além de toda controvérsia, *quando o último do povo de Deus for trazido*, e os anjos resplandecentes começarem a vagar pelas planícies celestiais e a conversar com todos os espíritos redimidos, eles verão então "a multiforme sabedoria de Deus". Que o anjo fale um pouco por si mesmo. "Aqui", diz ele, "vejo pessoas de todas as nações, raças e línguas, da Grã-Bretanha ao Japão, do norte gelado à zona cálida abaixo do equador; aqui vejo almas de todas as idades, desde bebês que acabaram de sair do ventre e deixar o peito até espíritos que outrora conheceram a idade avançada, para os quais um simples gafanhoto era um fardo. Aqui vejo pessoas de todos os períodos, desde Adão e Abel até pessoas que estavam vivas e permaneceram na vinda do Filho de Deus do céu. Aqui eu os vejo desde os dias de Abraão, e os tempos de Davi, e o período dos apóstolos, e as épocas de Lutero e de John Wicliffe[19] até os últimos tempos da igreja. Aqui eu vejo pessoas de todas as classes. Há um que foi rei, e ao seu lado, como seu companheiro, está outro que puxava o remo como escravo de galé.[20] Lá vejo um príncipe comerciante que não considerava suas riquezas preciosas, e ao seu lado está um pobre que era rico na fé

---

[19] John Wycliffe (c. 1328-1384) foi clérigo católico, professor da Universidade de Oxford, filósofo, teólogo e reformador religioso inglês, considerado um precursor da Reforma Protestante. Trabalhou na primeira tradução da Bíblia para o inglês, que ficou conhecida como a Bíblia de Wycliffe.

[20] Antiga embarcação de guerra.

UMA OUTRA E MAIS NOBRE EXPOSIÇÃO **107**

e herdeiro do reino. Lá vejo o poeta que soube cantar na terra o *Paraíso perdido e recuperado,*[21] e ao seu lado está alguém que não sabia juntar duas palavras, mas que conhecia o paraíso perdido e o paraíso recuperado dentro do Éden de sua própria natureza, o jardim do seu próprio coração. Aqui vejo Madalena e Saulo de Tarso, pecadores arrependidos de todos os matizes e santos de todas as variedades, aqueles que mostraram sua paciência em uma longa doença que os acamou, aqueles que triunfaram com santa ousadia em meio às chamas flamejantes, aqueles que vagaram em peles de ovelha e de cabra, desamparados, aflitos, atormentados, dos quais o mundo não era digno (Hebreus 11:37-38); o monge que abalou o mundo e aquele que lançou sal na correnteza da doutrina e a tornou saudável e pura;[22] o homem que pregou a milhões de pessoas e trouxe dezenas de milhares de almas a Cristo, e a humilde camponesa que conhecia apenas esta Bíblia como verdadeira, e ela mesma era participante da vida de Cristo, aqui estão todos eles, e enquanto os espíritos angélicos vagam e olham primeiro para este e depois para aquele — primeiro um troféu de graça, e depois para outro monumento de misericórdia —, todos eles exclamarão: 'Quão multiforme são as tuas obras, ó Deus! Com sabedoria tu fizeste todas elas. O céu está cheio da bondade que fizeste para com os filhos dos homens''.

E agora, queridos amigos, o sermão terminou, e lhes faço apenas estas perguntas; a primeira será uma pergunta para os filhos de Deus, e a outra para aqueles que não o conhecem.

Primeiro, aos filhos de Deus: vocês acham que nós consideramos suficientemente que somos sempre observados pelos anjos e que eles desejam aprender por meio de nós a sabedoria de Deus? A razão pela qual nossas irmãs aparecem na Casa de Deus com as cabeças cobertas é "por causa dos anjos" (1Coríntios 11:10). O apóstolo diz que a mulher deve

---

[21] Poemas épicos do século 17, escritos por John Milton.
[22] Martinho Lutero.

108 O grande exército de Deus

ter uma cobertura sobre a cabeça, por causa dos anjos, visto que os anjos estão presentes na assembleia e observam cada ato indecoroso; portanto, tudo deve ser conduzido com decência e ordem na presença dos espíritos angélicos. Pensem nisso, então, quando estivermos conversando esta tarde. Não falemos de tal maneira que um visitante do céu se entristeça conosco; e quando estivermos reunidos em nossas assembleias gerais, não discutamos temas ignóbeis, mas deixemos que os assuntos discutidos sejam verdadeiramente edificantes, temperados com sal (Colossenses 4:6). Especialmente em nossas famílias, não poderíamos falar mais sobre Cristo do que falamos? Não passamos frequentemente dias, talvez semanas, sem fazer qualquer menção a coisas que gostaríamos que os anjos ouvissem? Vocês são observados, irmãos, vocês são observados por aqueles que os amam. Os anjos nos amam e nos sustentam em suas mãos para que não tropecemos nas pedras. Eles acampam perto de nossas habitações; vamos entreter esses convidados reais. Visto que eles não podem comer o nosso pão e sentar-se à nossa mesa para participar do nosso bom ânimo, falemos de assuntos que os deleitem, de uma maneira que os satisfaçam, e deixemos que a sua presença seja para nós um motivo pelo qual devamos nos comportar de tal maneira que aos anjos e aos principados seja manifestada a sabedoria de Deus por meio de nós.

E, por último, o que alguns de vocês pensam que os anjos diriam de sua caminhada e de suas conversas? Bem, suponho que vocês não se importem muito com eles, mas deveriam. Pois quem, senão os anjos, serão os ceifeiros no final (Mateus 13:39), e quem, senão eles, serão a escolta para nossos espíritos ao longo do último enorme rio escuro? Quem, senão eles, levarão nosso espírito como o de Lázaro para o seio do Pai? Certamente não deveríamos desprezá-los. Qual tem sido sua conduta? Ah, senhores, não é necessário que o pregador fale. Deixe a consciência fazer seu trabalho perfeito. Há alguns aqui por quem os anjos, se os olhos deles tivessem conhecido uma lágrima, teriam chorado dia e noite. Vocês foram

UMA OUTRA E MAIS NOBRE EXPOSIÇÃO **109**

quase persuadidos a serem cristãos. Vocês conheceram as lutas da consciência e disseram: "Quem dera eu fosse totalmente como os santos!", mas vocês ainda não são convertidos. Fique, espírito, espírito guardião, você que cuidou deste filho de uma mãe santificada, não alce seu voo desapontado de volta para o céu! Ele está arrependido, ele está arrependido. Agora o Espírito de Deus se move nele. "Será?", diz ele, "será?". "Eu me arrependo e creio em Jesus", contudo, ó espírito, você ainda será desapontado, pois ele está prestes a dizer: "Daqui a pouco; siga seu caminho por enquanto; pois em um tempo mais conveniente, eu chamarei você". Anjo, você ainda ficará desapontado, mas se a alma disser: "Agora, neste exato momento, nesta casa de oração, eu me lanço sobre a expiação consumada de Cristo; confio nele para me salvar"; voe alto, anjo glorioso, diga aos querubins ao redor do trono que o filho pródigo retornou e um herdeiro do céu nasceu; que o céu celebre esse dia festivo enquanto nós retornamos para nossas casas regozijando-nos, pois aquele que estava morto reviveu e aquele que estava perdido foi encontrado (Lucas 15:11-32).

Que o Espírito de Deus faça isso, pelo amor de Jesus! Amém!

SERMÃO PROFERIDO EM 4 DE MAIO DE 1862.

6

SATANÁS PARTINDO E OS ANJOS MINISTRANDO

E, acabando o Diabo toda a tentação,
ausentou-se dele por algum tempo.
Lucas 4:13

Então, o Diabo o deixou; e, eis que chegaram os anjos e o serviram.
Mateus 4:11

AMADOS amigos, temos muito que aprender com as tentações do nosso Senhor. Ele foi tentado em todas as situações, assim como nós. Ao estudarem as tentações de Cristo, não ignorem os ardis de Satanás. Se vocês observarem como o Senhor derrotou o inimigo, aprenderão quais armas usar contra seu grande adversário. Se vocês observarem como nosso Senhor vence ao longo de toda a batalha, aprenderão que, ao se manterem próximos dele, vocês serão mais do que vencedores por meio daquele que os amou (Romanos 8:37). Com as tentações

112 O GRANDE EXÉRCITO DE DEUS

de nosso Senhor, aprendemos especialmente a orar: "não nos conduzas em tentação" (Lucas 11:4). Nunca confundamos o significado dessa petição. Devemos orar para que não sejamos tentados, pois somos pobres de carne e osso, e muito frágeis, desse modo cabe a nós clamar a Deus: "não nos conduzas em tentação". Também aprendemos muito com a conclusão da grande prova tríplice de nosso Senhor. Depois o encontramos em paz, ministrado por anjos e regozijante. Isso deveria nos ensinar a orar: "Mas, se devemos ser tentados, livra-nos do mal" (Mateus 6:13), ou, como algumas versões trazem, e muito corretamente também: "Livra-nos do Maligno". Primeiro, oramos para que não sejamos tentados de forma alguma; e então, como complemento a essa oração, entregando todo o assunto à sabedoria divina: "Se, para a nossa maturidade, para o nosso crescimento na graça, para a verificação das nossas virtudes e para a glória de Deus, for necessário que sejamos tentados, Senhor, livra-nos do mal; e principalmente livra-nos da personificação do mal: do Maligno!".

Com isso como introdução, por um breve período esta noite, deixem-me convidá-los a notar em nosso texto, primeiro, o Diabo deixando o tentado: "Então o Diabo o deixou". Em segundo lugar, devemos nos ater ao Evangelho de Mateus e observar os anjos ministrando ao tentado depois que o anjo caído o deixou; e então, em terceiro lugar, a limitação do descanso que podemos esperar, a limitação do tempo em que Satanás irá embora, pois Lucas diz: "E, acabando o Diabo toda a tentação, ausentou-se dele por algum tempo", ou, como algumas versões trazem, "até momento oportuno", quando ele retornaria novamente, e nosso grande Senhor e Mestre seria mais uma vez provado por seus ardis perversos.

I

Primeiro, temos como tema para nossa feliz consideração: *o Diabo deixando o tentado.*

Satanás partindo e os anjos ministrando **113**

Quando o Diabo deixou nosso Senhor? Quando ele terminou a tentação. Deve ter sido um grande alívio para o nosso divino Mestre quando Satanás o deixou; o próprio ar devia ser mais puro e mais adequado para ser respirado. Sua alma deve ter sentido um grande alívio quando o espírito maligno foi embora; mas ele não partiu, dizem-nos, até que terminasse toda a tentação. Assim diz Lucas: "E, acabando o Diabo toda a tentação, ausentou-se dele por algum tempo". Satanás não irá até que tenha atirado a última flecha de sua aljava. Tal é a sua malignidade que, enquanto puder tentar, ele tentará. Sua vontade é a nossa destruição total; mas seu poder não é igual à sua vontade. Deus não lhe dá o poder que ele gostaria de possuir; sempre há um limite definido para seus ataques. Quando Satanás tiver tentado vocês completamente e terminado todas as suas tentações, então ele os deixará. Vocês ainda não passaram por todas as formas de tentação; portanto, não podem esperar ser absolutamente deixados pelo arqui-inimigo. Pode levar muito tempo, quando vocês estiverem sofrendo com os ataques dele, antes que ele pare, pois ele tentará tudo o que puder para levá-los ao mal e destruir a graça que está em vocês. Ainda assim, ele finda com suas tentações mais cedo do que deseja; pois, como Deus disse ao mar poderoso: "Até aqui virás, e não mais adiante, e aqui se quebrarão as tuas ondas empoladas" (Jó 38:11), assim diz Ele ao Diabo. Ao permitir que Satanás tentasse os favores de Jó e provasse a sinceridade dele, Deus o deixou ir apenas até certo ponto, e não mais longe; e mesmo quando o Diabo pediu que seu poder fosse estendido, ainda assim houve um limite. Sempre há um limite para o poder de Satanás; e quando ele chegar a esse ponto, ele será paralisado e não poderá fazer mais nada. Você nunca está nas mãos de Satanás a ponto de estar fora das mãos de Deus. Se você for fiel, nunca será tentado ao ponto de haver escape para você. Deus permite que você seja provado por muitas razões que talvez você não possa compreender completamente, mas que a infinita sabedoria dele entende por você; contudo, Deus não permitirá que

114 O GRANDE EXÉRCITO DE DEUS

o cetro dos ímpios permaneça sobre a sorte dos justos (Salmos 125:3). Você pode até cair, mas não permanecerá caído. O Senhor pode permitir que você seja colocado no fogo; mas o fogo não arderá mais do que você possa suportar. "E, acabando o Diabo toda a tentação, ausentou-se dele por algum tempo."

Satanás não se ausentou da presença de Cristo até que tivesse falhado em todas as tentações. Somente depois de o Senhor frustrar todos os ataques, respondendo a cada tentação com um texto das Sagradas Escrituras, e provar sua própria determinação em manter firme sua integridade, o inimigo partiu. Oh, irmãos e irmãs, se vocês resistirem, se forem capazes de enfrentar uma coisa ali e outra acolá, se permanecerem imunes aos olhares reprobatórios e às lisonjas, à prosperidade e à adversidade, às insinuações astutas e aos ataques diretos, quando vocês tiverem vencido, pela graça de Deus, assim como o Mestre venceu, então o inimigo se afastará de vocês! "Bem", diz alguém, "eu gostaria que o Diabo se afastasse de mim, pois tenho sido muito perturbado por ele", ao que digo com todo o coração: "Amém!".

Pensemos, por um ou dois minutos, sobre o momento em que Satanás se afastará do filho de Deus, assim como fez com o grande Filho de Deus.

Não tenho dúvidas de que ele fará isso quando achar necessário estar em outro lugar. Satanás não está em toda parte e não pode estar, pois ele não é divino. Ele não é onipresente; mas, como já foi dito, embora não esteja presente em todos os lugares, seria difícil dizer onde ele não está, pois se move tão rapidamente, é um espírito tão ágil, que parece estar aqui e ali e em toda parte; e onde ele não está pessoalmente, ele é representado por aquela vasta hoste, as legiões de espíritos caídos, que estão sob seu controle; e mesmo onde eles não estão, ele executa seus desígnios malignos, de modo que deixa o fermento agir, as sementes malignas crescerem, quando ele próprio foi para outro lugar. No entanto, provavelmente não são muitas as vezes na vida de alguém que ele é realmente chamado a entrar em conflito pessoal com o próprio Satanás. Somos muitos agora para que ele dedique todo o seu tempo e força a apenas um; ele tem que estar em outro lugar. Oh, anseio ser o meio de multiplicar o número do povo de Deus pela pregação da Palavra, para que o evangelho da graça de Deus possa se espalhar e trazer miríades de servos, para que o Diabo tenha mais o que fazer e, portanto, não seja capaz de dar tanta atenção furiosa, como faz em uma direção e outra, aos filhos de Deus.

O Diabo também abandona o povo de Deus muito rapidamente quando vê que esse povo é sustentado por uma graça superior. Ele espera alcançá-los quando a graça estiver em declínio. Com isso, ele acredita que, se puder encontrar os filhos de Deus quando a fé estiver muito fraca, quando os olhos da esperança estiverem turvos, quando o amor esfriar, então será uma captura fácil; por outro lado, quando estamos cheios do Espírito como o Mestre estava (Deus conceda que estejamos!), ele nos olha de cima a baixo e logo se afasta. Ele fica como um velho pirata à procura de navios mercantes, mas ao se deparar com navios com armas a bordo e com mãos fortes capazes de lhe dar uma recepção calorosa, ele vai atrás de alguma outra embarcação que seja incapaz de resistir aos seus ataques. Oh, irmãos e irmãs, não sejam apenas cristãos, meramente cristãos, com graça suficiente apenas para permitir que vejam suas imperfeições; mas orem a Deus para lhes dar uma graça poderosa, a fim de que vocês sejam "fortalecidos no Senhor e na força do seu poder" (Efésios 6:10); de modo que, depois que o Diabo tiver testado vocês e descoberto que o Senhor está com vocês e habita em vocês, então vocês possam esperar que, como foi com o Mestre, assim será com vocês: Satanás os deixará.

Às vezes penso, porém, que Satanás nos deixa pessoalmente, porque sabe que não ser tentado é, para alguns, um perigo maior do que o ser. "Oh!", vocês dizem: "como pode ser isso?". Irmãos e irmãs, vocês não sabem nada sobre a segurança da carne, sobre ser deixado, como

116 O GRANDE EXÉRCITO DE DEUS

vocês pensam, para crescer na graça, na calmaria, sendo muito felizes, e, como vocês esperam, muito úteis, e assim descobrir sob vocês um mar de vidro, sem qualquer ondulação? "Sim", vocês dizem, "conheço essa experiência e sou grato por ela". Ao mesmo tempo, vocês nunca perceberam à espreita a ideia de que são alguém, de que estão adquirindo uma experiência maravilhosa, de que são filhos eminentes de Deus, ricos e acrescidos de bens; e vocês não dizem, como Davi: "Jamais serei abalado" (Salmos 10:6)? Possivelmente vocês olharam com desconfiança para alguns de seus amigos, que têm sido trêmulos e tímidos, e clamam a Deus dia após dia para protegê-los. Vocês foram o "senhor Poderoso", vocês foram o "Grande Senhor"; e todos devem se curvar diante de vocês. Ah, sim, vocês agora caíram em uma condição pior do que a daqueles que são tentados por Satanás! Uma calmaria nos trópicos é mais temida do que uma tempestade; nesse cenário tudo fica parado e estagnado, o navio quase não se move; é como um navio pintado em um mar pintado, algo muito parecido com o estado descrito pelo *Velho marinheiro* de Samuel Coleridge:[23]

> A grande profundeza apodreceu:
> Ai! isso deveria acontecer!
> E coisas viscosas com pernas rastejaram
> Sobre o mar viscoso.

"Oh!", vocês dizem, "isso é horrível". Sim, e essa é a tendência de uma alma que está em paz consigo mesma e não é esvaziada de um recipiente para o outro. Temo que isso aconteça frequentemente com

---

[23] Samuel Taylor Coleridge (1772-1834), comumente designado por S. T. Coleridge, foi um poeta, crítico literário, filósofo, teólogo e ensaísta inglês, considerado um dos fundadores do Romantismo na Inglaterra. Seu trabalho mais importante foi *The Rime of the Ancient Mariner* [*O conto do velho marinheiro*] no qual um velho marinheiro relata suas experiências em uma longa viagem.

aqueles que acreditam ser sobrenaturalmente santos. Um fato curioso pode ser provado por evidências abundantes, a saber, que a ostentação da perfeição humana é seguida de perto pela obscenidade e pela licenciosidade. As seitas mais impuras que já desfiguraram as páginas da história foram fundadas por aqueles que tinham a noção de que estavam além da tentação, que tinham deixado de pecar e nunca mais poderiam transgredir. "Ah!", diz Satanás, "essa noção faz meu trabalho muito melhor do que tentar alguém. Quando eu o tento, ele se levanta para me resistir. Ele está com os olhos abertos, empunha a espada e coloca o capacete (Efésios 6:17), clama a Deus: 'Senhor, ajuda-me!' e vigia noite e dia; e quanto mais tentado ele é, mais ele busca forças em Deus. Se, porém, eu o deixar sozinho e ele adormecer, bem, então ele não estará na batalha; e se ele começar a se sentir bastante seguro, então poderei atacá-lo de surpresa e acabar com ele rapidamente". Essa é uma das razões pelas quais Satanás poupa alguns de serem tentados. Um demônio que ruge é melhor que um demônio adormecido; e não há tentação muito pior do que nunca ser tentado.

Novamente, não duvido de que Satanás nos deixe, ou melhor, sei que ele o faz, quando o Senhor lhe diz o que disse no deserto: "Vai-te, Satanás" (Mateus 4:10); e diz isso quando vê um dos seus pobres filhos arrastado, torturado, ferido, sangrando. Ele diz: "Vai-te, Satanás". Eu permito que você busque minhas ovelhas perdidas; mas não para preocupá-las até a morte. "Vai-te, Satanás." O velho cão infernal reconhece seu Mestre e foge imediatamente.

Esta voz de Deus virá quando o Senhor perceber que nos submetemos totalmente a Ele. Na oração de meu irmão, ele nos sugeriu, se vocês se lembram, que, ao lançarmos nosso fardo sobre o Senhor, talvez não conseguíssemos nos livrar dele; o caminho era lançarmos a nós mesmos e nosso fardo sobre o Senhor. A melhor maneira de todas é livrar-se totalmente do fardo, lançar-se, mas sem o seu fardo, sobre o Senhor.

118   O GRANDE EXÉRCITO DE DEUS

Deixe-me lembrá-los de uma história que uma vez lhes contei, de um cavalheiro que, viajando em sua carruagem, viu um mascate carregando uma mochila pesada e perguntou-lhe se ele gostaria de uma carona.

— Sim! Obrigado, senhor. — No entanto, ele manteve a mochila nas costas enquanto cavalgava.

— Oh! — disse o amigo — Por que você não tira sua mochila e a coloca na frente?.

— Ora, senhor — disse ele —, é tão gentil da sua parte me dar uma carona que não gosto de me aproveitar de sua boa natureza, por isso pensei eu mesmo carregar a mochila!

— Tudo bem — disse o outro —, mas veja, não faz diferença para mim se você carrega ou não, eu tenho que carregar você e sua mochila; então é melhor você desamarrá-la e colocá-la na frente.

Então, amigo, quando você lançar seu fardo sobre Deus, desamarre-o. Por que você deveria suportar isso sozinho quando Deus está preparado para suportá-lo? Amados, há momentos em que nos esquecemos disso; mas quando podemos vir e nos render totalmente, dizendo: "Senhor, aqui estou, tentado, e pobre, e fraco; mas venho e descanso em ti; não sei o que pedir de tuas mãos, mas teu servo disse: 'Lança o teu cuidado sobre o Senhor, e ele te susterá; nunca permitirá que o justo seja abalado' (Salmos 55:22). Prostro-me aos teus pés, meu Senhor; aqui estou. Faze comigo o que bem parecer aos teus olhos; apenas trata com terna misericórdia o teu servo", então o Senhor repreenderá o inimigo; as ondas do mar ficarão calmas e haverá grande calmaria (Salmos 89:9).

Isso foi o que aconteceu com o Diabo ao deixar o tentado. Ele faz isso, ele deve fazê-lo, quando Deus ordena.

II

Agora, em segundo lugar, pensemos nos *anjos ministrando ao tentado*.

Satanás partindo e os anjos ministrando **119**

Os anjos vieram e serviram ao nosso Senhor depois que Satanás se foi. Observem que eles não vieram enquanto nosso Senhor estava na batalha. Por que não? Ora, porque era necessário que Cristo pisasse sozinho no lagar e porque era mais glorioso para Ele que entre o povo não houvesse ninguém com Ele! Se houvesse algum anjo ali para ajudá-lo no duelo com o adversário, eles poderiam ter compartilhado a honra da vitória; mas eles devem ficar longe até que a luta termine, e quando o inimigo se for, então os anjos virão. Observou-se ainda que não é dito que os anjos vinham com muita frequência para ministrar a Jesus, mas sim para nos fazer pensar que eles estavam sempre por perto, que pairavam ao alcance da voz, observando e prontos para intervir se pudessem. Eles eram um guarda-costas em torno de nosso Senhor, assim como são hoje em relação ao seu povo, pois "não são, porventura, todos eles espíritos ministradores, enviados para servir a favor daqueles que hão de herdar a salvação?" (Hebreus 1:14). E no momento em que a luta terminou, os anjos vieram e ministraram a Cristo. Por que isso aconteceu?

Primeiro, suponho que porque, como ser humano, ele estava especialmente exausto. Ele estava com fome, dizem, e isso evidencia exaustão. Além disso, a tensão da tentação de quarenta dias deve ter sido imensa. As pessoas podem suportar uma tensão, mas quando ela é aliviada, as pessoas desabam. Elias pode fazer maravilhas, pode ferir os sacerdotes de Baal e comportar-se como um herói; mas, depois que tudo termina, Elias falha. Como ser humano, nosso Senhor estava sujeito às fraquezas da nossa carne, porém sem pecado; e era necessário que anjos viessem e ministrassem a Ele, assim como o anjo fez no jardim, depois da agonia e do suor de sangue (Lucas 11:39-46).

Isso também aconteceu porque, sendo ser humano, Jesus participaria do ministério que Deus havia atribuído ao ser humano. Deus designou anjos para cuidar do seu próprio povo; e, visto que Jesus é nosso irmão, assim como os filhos eram participantes do ministério dos anjos, Ele

120 O GRANDE EXÉRCITO DE DEUS

próprio também participou desse ministério, para mostrar como tomou sobre si a nossa fraqueza e, portanto, precisou e recebeu aquele socorro que o pai prometeu a todos os seus filhos.

Não foi também porque Ele era tão amado pelos anjos, e eles lhe eram tão leais? Eles devem ter se perguntado quando o viram nascer na terra e viver aqui na pobreza; e quando o viram tentado pelo inimigo, devem ter desprezado o adversário. Como foi possível permitir que Satanás chegasse tão perto de seu puro e santo Mestre? Acho que Milton[24] poderia ter imaginado essa cena, e que ele teria retratado cada serafim indo para lá, desejando desembainhar sua espada de fogo e encravá-la no peito do demônio imundo que ousou chegar tão perto do Príncipe da pureza; mas eles não deveriam interferir; contudo, assim que puderam, eles alegremente vieram e serviram a Jesus.

E isso também não mostra que sua natureza era muito sensível ao toque angélico? Você e eu somos rudes e de coração duro.

> Miríades de espíritos aglomeram-se no ar:
> Eles estão sobre nós agora.

As mulheres devem cobrir a cabeça em adoração "por causa dos anjos" (1Coríntios 11:10). Há muitos atos de decoro na adoração santa que devem ser mantidos "por causa dos anjos". Os anjos são numerosos, e eles são enviados para nos servir; apesar disso, não somos sensíveis a eles e, muitas vezes, não os percebemos. Jesus, diferentemente de nós, era todo ternura e sensibilidade, e Ele sabia que os anjos estavam lá, por isso foi fácil para eles virem e ministrarem a Ele. O que eles fizeram ao servi-lo não podemos dizer. Eu certamente pensaria que eles sustentaram a natureza corporal do Mestre, pois Ele estava com fome, e prontamente lhe

---

[24] John Milton (1608-1674) foi um poeta e intelectual inglês. Sua maior obra foi o poema épico *Paraíso perdido*.

SATANÁS PARTINDO E OS ANJOS MINISTRANDO 121

trouxeram comida; mas também sustentaram sua natureza mental e espiritual com palavras de conforto. A visão deles lembrou-lhe a casa de seu Pai, lembrou-lhe a glória que Ele havia deixado de lado. A visão deles provou que o Pai não se esquecera de Jesus. Ele havia enviado as tropas domésticas do céu para socorrê-lo e apoiá-lo. A visão deles deve tê-lo feito antecipar o dia em que o poeta canta:

> Eles trouxeram sua carruagem do alto,
> Para levá-lo ao seu trono;
> Bateram suas asas triunfantes e clamaram:
> "A obra gloriosa está consumada".

Pois bem, irmãos, se formos tentados, teremos algum anjo para nos socorrer? Bem, certamente teremos o equivalente aos anjos. Muitas vezes, depois de uma tentação, Deus envia os seus mensageiros humanos. Muitos de vocês podem dizer como a mensagem do evangelho foi maravilhosamente doce para vocês quando ouviram a Palavra depois de um período difícil de tentação. Você se sentou em seu banco e disse: "Deus enviou aquele sermão direcionado para mim"; ou, se em vez de ouvir um sermão você leu a Bíblia, e as palavras pareceram queimar e brilhar na página, aquecendo sua alma com seu próprio calor. Não tem sido assim com vocês muitas vezes? Depois da provação, não são todas as coisas sagradas mais doces do que eram antes? Vocês não as acharam assim? Presto meu voluntário testemunho de que nunca Cristo pareceu tão precioso, nunca as promessas pareceram tão ricas e raras, nunca a doutrina do evangelho se apegou tão intimamente ao meu coração, e meu coração a ela, como depois de um período de provação dolorosa, quando fui afastado do serviço sagrado e atormentado pela angústia. Oh, então os anjos vêm e ministram a nós, na forma de homens que pregam a Palavra, ou na forma da página viva da Palavra escrita de Deus!

122 O GRANDE EXÉRCITO DE DEUS

Tenho notado, também, que Deus às vezes alegra seu povo tentado com um claro sol após a chuva, por meio de algumas providências muito graciosas. Acontece algo tão inesperado, tão agradável, tão útil, que os que foram tentados tiveram de começar a cantar, embora pouco antes estivessem suspirando. A porta da gaiola foi escancarada, e o pássaro de Deus voou tão bem e cantou tão docemente, ao subir ao portão do céu, que a alma parecia transformada em um passarinho santo em sua música ascendente. Vocês não acharam o Senhor muito gracioso com vocês depois de alguma provação severa ou de alguma tentação forte? Acredito que esse será o testemunho de muitos cristãos experientes.

E assim como surgem essas providências superiores, não tenho dúvidas de que surgem anjos reais ministrando a nós, embora não tenhamos consciência de sua presença. Eles podem sugerir pensamentos santos, não duvido, para nos trazer conforto; mas, acima dos anjos, muito superior à ajuda angélica, está o Espírito Santo, o Consolador. Quão docemente Ele pode fechar cada ferida e fazê-las cantar enquanto se curam! Ele faz com que os ossos que Deus quebrou se regozijem e nos preenche com uma experiência de deleite mais profunda do que jamais tínhamos conhecido.

Bem, agora, suponho que alguns de vocês, heróis desta noite, estão nesta condição: Satanás os deixou, e os anjos estão ministrando a vocês. Se sim, vocês estão muito felizes. Bendigam o grande Deus por isso. Há uma grande calma. Graças a Deus pela calmaria depois da tempestade. Espero, meu irmão, que você esteja mais forte pelo que suportou e que o conflito o tenha amadurecido e preparado para algo melhor. E o que nosso Senhor fez depois que o Diabo o deixou e os anjos vieram para servi-lo? Ele foi para casa, parou ali e começou a cantar sobre suas experiências deliciosas? Não, nós o encontramos pregando logo depois, cheio do Espírito de Deus. Ele foi a todos os lugares, proclamando o reino. Ele foi encontrado na sinagoga ou na encosta das colinas. Exatamente na proporção em que o Espírito de Deus o capacitou a vencer o inimigo, nós o encontramos saindo para gastar essa força no serviço de seu Senhor. Ó tentado, você tem uma trégua? Gaste esse descanso servindo aquele que o concedeu a você. Está calmo agora, depois de uma tempestade? Vá agora mesmo e semeie seus campos com a boa semente. Você enxugou o olho e a lágrima salgada desapareceu? Vá, cante um salmo então; cante para o seu bem-amado; e desça à sua vinha, e capture as raposas, e pode as vinhas, e cave ao redor delas, e faça o trabalho necessário para aquele que tanto fez por você. Você foi liberto. Há muitos escravos de Satanás, eles não são como você, que luta contra ele, mas são escravos voluntários dele. Oh, venha, meu irmão, seu Deus o libertou, vá atrás deles! Vá atrás da mulher caída e do homem bêbado. Vá, procure e encontre os mais devassos, os mais depravados. Cuide especialmente de qualquer pessoa da sua própria casa que tenha desempenhado o papel do filho pródigo.

Oh, venha, vamos encontrá-los!
Nos caminhos da morte eles vagam:
No final do dia será doce dizer:
"Eu trouxe alguns perdidos para casa".

E será correto dizê-lo já que o Senhor tratou você tão bem.

III

Agora, devo encerrar lembrando-lhes do terceiro ponto, que é uma verdade penetrante, a saber: *a limitação do nosso descanso*. Satanás deixou Cristo "por algum tempo", ou até momento oportuno.

O Diabo atacou nosso Senhor novamente? Não tenho certeza se ele fez isso pessoalmente; mas ele fez isso de diversas maneiras por meio de outros. Percebo que, em pouco tempo, ele tentou enredá-lo em seu

124 O GRANDE EXÉRCITO DE DEUS

discurso. Isso é uma coisa muito fácil de fazer conosco. Alguém esta noite pode pegar algo que eu disse, distorcê-lo de seu contexto e fazê-lo soar e parecer totalmente diferente do que quis dizer com ele. Vocês sabem como os herodianos,[25] os saduceus[26] e os fariseus[27] fizeram isso com nosso Senhor; eles tentaram enredá-lo em seu discurso. Em tudo isso, Satanás os conduziu. Ele também se opôs ativamente ao ministério de Cristo, e Cristo se opôs a Satanás e venceu, pois viu Satanás cair do céu como um raio (Lucas 10:18).

Um plano ainda mais engenhoso foi aquele pelo qual os servos do Diabo — demônios que foram expulsos das pessoas possuídas — chamaram Jesus de Filho de Deus. Ele, porém, os repreendeu porque não queria nenhum testemunho vindo deles. Sem dúvida, o Diabo achou muito astuto louvar o Salvador, porque então os amigos do Salvador começariam a suspeitar dele se Ele fosse elogiado pelo Diabo. Esse foi um grande truque, mas o Mestre fez com que ele se calasse. Vocês se lembram de como Jesus disse em uma ocasião: "Cala-te e sai dele" (Marcos 1:25). Era algo assim: "Pare, cachorro! Saia!". Cristo nunca é muito educado com Satanás; algumas palavras duras são suficientes para esse arquipríncipe da maldade.

Satanás tentou nosso Senhor por meio de Pedro. Esse foi um plano que ele utilizou muitas vezes conosco, usando um amigo nosso para fazer o trabalho sujo. Pedro tomou seu Senhor e o repreendeu quando Ele falou sobre ser cuspido e condenado à morte; e então o Senhor disse: "Para trás de mim, Satanás!" (Mateus 16:21-23), pois pôde ver o Diabo usando a ternura de Pedro para tentar demovê-lo de seu autossacrifício. Oh, quantas vezes Satanás nos tentou dessa maneira, enredando-nos em

---

[25] Grupo de apoiadores de Herodes e defensores da dominação romana na Palestina na época de Jesus.

[26] Grupo político-religioso cuja maioria pertencia à aristocracia judaica da época de Jesus. Cuidavam de grande parte do sacerdócio do Templo.

[27] Grupo religioso que buscava ensinar ao povo em geral em como viver de modo mais puro para agradar a Deus, seguindo os padrões de pureza da Lei escrita e oral.

SATANÁS PARTINDO E OS ANJOS MINISTRANDO **125**

nossas palavras, opondo-se a nós em nosso trabalho, elogiando-nos por motivos perversos para tentar nos enganar e, por fim, usando um amigo como instrumento para nos afastar da santa abnegação!

Houve também ocasionais momentos em que o coração de nosso Senhor encheu-se de angústia. Assim lemos em João 12:27: "Agora, a minha alma está perturbada; e que direi eu? Pai, salva-me desta hora". Nessa ocasião, Ele parecia estar profundamente preocupado. No entanto, o mais profundo desânimo que sua alma experimentou ocorreu no jardim, quando esteve "cheia de tristeza até à morte" (Mateus 26:38). Satanás teve um papel nessa dolorosa provação, pois o Senhor havia dito: "se aproxima o príncipe deste mundo" (João 14:30); e aos que vieram prendê-lo disse: "esta é a vossa hora e o poder das trevas" (Lucas 22:53). Foi um período terrível. O ministério de nosso Senhor começou e terminou com um ataque feroz de Satanás, que após a tentação o deixou somente por um tempo.

Bem, agora, queridos amigos, se tivermos paz e tranquilidade esta noite, e não formos tentados, não nos deixemos ficar seguros de nós mesmos, pois o Diabo virá até nós novamente em momento oportuno. E quando será isso? Existem muitos momentos oportunos para cada um de nós. Um deles é quando não temos nada para fazer. Vocês conhecem as falas do Dr. Isaac Watts:[28]

> Satanás ainda encontra algumas diabruras,
> Para mãos ociosas fazerem.

Ele virá e nos atacará quando estivermos desocupados.

---

[28] Isaac Watts (1674-1748) foi um ministro da Igreja Congregacional, hinista, teólogo e lógico inglês. É reconhecido como o "Pai da hinologia inglesa", pois foi o primeiro escritor de hinos prolífico e popular inglês, creditado com quase 750 hinos, muitos dos quais traduzidos em várias línguas e ainda cantados em diferentes igrejas.

126 O GRANDE EXÉRCITO DE DEUS

Satanás também encontra uma ocasião muito oportuna especialmente quando estamos acompanhados por pessoas distintas, superiores a nós em educação e posição, mas que não temem a Deus. Podemos facilmente ser intimidados e desencaminhados por esse tipo de companhia, e é nesse momento que Satanás entra em cena.

Eu o vi frequentemente aparecer e encontrar uma ocasião contra os filhos de Deus quando estamos doentes e enfermos, o velho covarde! Ele sabe que não nos importaríamos com ele se estivéssemos com boa saúde; mas às vezes, quando estamos deprimidos devido à doença e à dor, é aí que ele começa a nos tentar ao desespero.

Ele faz o mesmo conosco quando estamos em meio à pobreza. Quando alguém sofre uma grande perda nos negócios, Satanás vem e insinua: "É assim que Deus trata seus filhos? O povo de Deus não está em melhor situação do que outras pessoas".

Então, se estamos progredindo no mundo, ele distorce a situação e diz: "Porventura, teme Jó a Deus debalde?" Ele se dá bem pela sua religião (Jó 1:9). Vocês não podem agradar ao Diabo de jeito nenhum e não precisa querer agradá-lo; ele pode fazer de qualquer coisa uma tentação para vocês.

Vou dizer algo que irá surpreendê-los — um momento de grande tentação é quando somos muito espirituais. Quanto a mim, nunca estive em perigo tão supremo como quando conduzi alguma reunião santa com fervor santo e me senti profundamente tocado pelo deleite em Deus. Vocês sabem que é fácil estar no monte da Transfiguração e depois encontrar Satanás no sopé, assim como nosso Senhor o fez quando desceu daquela colina (Mateus 17:1-13; Lucas 9:28-36).

Outro momento de tentação é quando já fizemos algo errado. "Agora ele começa a escorregar", diz Satanás; "Eu o vi tropeçar; agora eu vou derrubá-lo". Oh, que nos arrependamos rápido e corramos sinceramente para Cristo, sempre que houver uma falha grave, sim, e antes que a falha grave chegue, para que possamos ser preservados de cair!

E Satanás encontra uma boa ocasião para nos tentar quando não pecamos. Depois de termos sido tentados, termos vencido e permanecido firmes, então ele vem e diz: "Ora, isso foi algo bom da sua parte; você é um santo esplêndido". Contudo, aquele que se considera um santo esplêndido está perto de se tornar um pecador vergonhoso, acreditem nisso; quanto a isso, Satanás logo leva vantagem.

Se vocês forem bem-sucedidos nos negócios ou no trabalho santo, Satanás os tentará. Se vocês não tiverem sucesso e tiverem passado por momentos difíceis, então Satanás os tentará. Quando vocês tiverem uma carga pesada para carregar, ele os tentará. Quando essa carga for retirada, ele os tentará mais do que nunca. Ele os tentará quando vocês obtiverem alguma bênção que pensavam ser uma grande dádiva; assim como no deserto, quando eles clamavam por carne e diziam que precisam de carne, Deus lhes concedeu o desejo de seu coração, mas enviou magreza para suas almas (Números 11:4-35). Assim como vocês conseguiram o que estavam procurando, surge uma tentação; tendo isso em vista, tudo o que tenho a dizer é o seguinte: "Vigiem". Cristo disse: "E as coisas que vos digo digo-as a todos: Vigiai" (Marcos 13:37). "Vigiai e orai, para que não entreis em tentação" (Mateus 26:41). E pelo conflito e pela vitória do seu Mestre, pelejem corajosamente e esperem vencer pela fé nele, assim como Ele venceu.

E o que direi àqueles que são escravos e amigos de Satanás? O Senhor tenha misericórdia de vocês! Se vocês desejam escapar, só há um caminho: aí está a cruz, e Cristo está pendurado nela. Olhem para Jesus; Ele pode libertar vocês. Ele veio com o propósito de proclamar liberdade aos cativos (Lucas 4:19). Olhem para Ele e vivam! Olhem agora mesmo e vivam agora! Eu imploro que vocês façam isso, pelo precioso amor dele. Amém!

SERMÃO PROFERIDO EM 15 DE AGOSTO DE 1889.

7

SERES HUMANOS ESCOLHIDOS, ANJOS CAÍDOS REJEITADOS

*Porque, na verdade, ele não assumiu a natureza dos
anjos, mas ele tomou a semente de Abraão.*
HEBREUS 2:16

O DEUS todo-poderoso, que habitava sozinho, teve o prazer de manifestar-se por meio de obras criadas, as quais deveriam demonstrar sua sabedoria e seu poder. Quando iniciou a imensa obra da criação, Ele determinou em sua própria mente que criaria uma variedade de obras e que todas as suas criaturas não teriam a mesma forma, natureza, grandeza ou dignidade; portanto, Ele fez umas como grãos de poeira, e outras como montanhas de magnitude estupenda; Ele criou umas como gotas, e outras como oceanos; umas como colinas imensas, e outras como vales. Mesmo em suas obras inanimadas, Ele preservou uma variedade maravilhosa; Ele não deu a todas as estrelas a mesma glória, nem a todos os mundos a mesma massa pesada; Ele não deu a todas as rochas a mesma textura, nem a todos os mares o mesmo

130 O GRANDE EXÉRCITO DE DEUS

formato, mas teve o prazer de observar na obra de suas mãos uma variedade infinita. Quando Ele criou criaturas vivas, também estabeleceu distinções que devemos observar. Do verme à águia, da águia ao ser humano, do ser humano ao anjo; tais são os níveis na criação de coisas boas na forma de seres vivos. Ele não fez todas as criaturas águias, nem criou todos os seres vermes, mas tendo o direito de fazer o que quiser com os seus, exerceu o direito de fazer uma criatura — o majestoso leão — rei da floresta, e outra, o cordeiro inofensivo, o qual será devorado, pois não pode resistir ao inimigo ou defender-se. Ele fez suas criaturas exatamente como lhe pareceu adequado; deu a uma rapidez nas patas, e a outra, velocidade nas asas; a uma, deu clareza na visão, a outra, força muscular. Ele não seguiu nenhuma regra fixa em sua criação, antes fez exatamente o que lhe agradou no arranjo das formas que Ele vivificou. Assim também devemos observar uma grande diferença nos seres racionais criados. Ele não criou todos os seres humanos iguais; eles diferem enormemente entre si. Assim como há diferentes níveis de inteligência entre humanos, há uma enorme diferença entre os humanos e os anjos, mesmo entre os mais inteligentes daqueles. No entanto, os humanos redimidos são superiores aos anjos. E ao moldar os anjos e os humanos, Deus, mais uma vez, exerceu o seu próprio direito de criar o que lhe agrada; de fazer o que quiser com aquilo que é seu. Consequentemente, todos os anjos podem não ser iguais em dignidade, como todos os seres humanos não são iguais em intelecto. Ele os fez diferentes.

Agora desejo chamar sua atenção para dois exemplos em que Deus faz o que lhe agrada ao moldar as obras de suas mãos: o caso dos anjos e o caso dos seres humanos. Os anjos nasceram antes. Deus os criou, e agradou-lhe dar-lhes o livre-arbítrio para fazerem o que quisessem; escolher o bem ou preferir o mal, assim como fez com o ser humano: Ele lhes deu a seguinte condição: se eles preferissem o bem, então sua posição no céu deveria ser para sempre fixa e firme; mas se pecassem, deveriam ser

Seres humanos escolhidos, anjos caídos rejeitados   131

punidos por sua culpa e expulsos da presença de sua glória para as chamas de fogo (Mateus 25:41). Em um momento vil, Satanás, um dos chefes dos anjos, rebelou-se (Isaías 14:12); ele tentou outros e desviou uma parte das estrelas do céu (Apocalipse 12:3-9). Deus, em sua vingança divina, feriu os anjos rebeldes e os expulsou de seus assentos celestiais, banindo-os de suas moradas de felicidade e glória, e enviando-os para habitar para sempre no abismo do inferno (2Pedro 2:4); todos os demais foram reconhecidos por Ele, sendo chamados de anjos eleitos; Ele tornou seus tronos eternamente seguros e deu-lhes uma garantia daquelas coroas que, sustentadas por sua graça, eles preservaram pela retidão de sua santa conduta. Depois disso, agradou-lhe criar outra raça de seres, os quais foram chamados humanos. Ele não os criou todos de uma vez; ele criou apenas dois deles, Adão e Eva (Gênesis 1:27), e comprometeu-se a manter a segurança de toda a sua descendência por todas as gerações; Ele disse a Adão, como havia dito aos anjos: "Eu te dou o livre-arbítrio; você pode obedecer ou desobedecer, como quiser. Essa é a minha lei: você não deve tocar naquela árvore. A ordem não é de modo algum penosa. Cumprir essa ordem não será difícil para você, pois eu dei a você o livre-arbítrio para escolher o bem" (Gênesis 2:15-16). Contudo, para o grande sofrimento do ser humano, aconteceu que Adão quebrou a Aliança das Obras[29] ao tocar no fruto amaldiçoado e naquele mesmo dia caiu (Gênesis 3:6-7). Ah! Que queda houve lá! Então você, eu e todos nós caímos, enquanto o maldito pecado triunfou sobre nós; nenhum ser humano sequer ficou de pé; embora alguns anjos tenham permanecido de pé, nenhum ser humano o fez, pois a queda de Adão foi a queda de toda a nossa raça. Depois que uma parte dos anjos caiu, agradou a Deus fixar a condenação deles e

---

[29] A Aliança das Obras (ou Edênica) faz parte da Teologia das Alianças, um conceito interpretativo e organizador do pensamento de certas correntes teológicas cristãs que usa a ideia de "alianças" feitas entre Deus e seu povo ao longo da história. Seriam três alianças: das Obras, da Graça e da Redenção.

132 O GRANDE EXÉRCITO DE DEUS

torná-la célere e firme; mas quando o ser humano caiu, isso não agradou a Deus; Ele havia ameaçado puni-lo, mas em sua infinita misericórdia, escolheu a maior parte da raça humana, a quem fez objeto de sua especial afeição, a quem forneceu um remédio precioso, com quem fez uma aliança de salvação e a garantiu pelo sangue de seu Filho eterno. Essas são as pessoas a quem chamamos de eleitos; e aqueles que Deus permitiu perecer perecem por causa de seus próprios pecados, muito justamente, para louvor de sua gloriosa justiça. Assim sendo, aqui vocês percebem a soberania divina — soberania que escolheu colocar homens e anjos no mesmo patamar de seu livre-arbítrio; soberania que escolheu punir todos os anjos caídos com destruição total; soberania que escolheu indultar temporariamente toda a raça humana e conceder um perdão eterno a um certo número, o qual ninguém pode contar, selecionado entre os seres humanos, que será infalivelmente encontrado na sua mão direita nos céus. Meu texto menciona esse grande fato, pois quando traduzido corretamente diz o seguinte: "Porque, na verdade, ele não tomou os anjos, mas tomou a descendência de Abraão". Como este texto tem duas traduções, darei a vocês os dois significados da forma mais breve possível.

I

Em primeiro lugar, certa tradução da Bíblia diz assim: "Ele não assumiu a natureza dos anjos". Nosso Senhor e Salvador Jesus Cristo, quando veio do céu para morrer, não assumiu a natureza dos anjos. Para o Filho todo-poderoso de Deus, ter sido vestido até mesmo com as vestes do arcanjo Gabriel teria sido um ato de humildade muito maior do que se um serafim se transformasse em uma formiga; mas sua humildade lhe ditou que, se Ele se rebaixasse, desceria ao grau mais baixo; que se Ele se tornasse uma criatura, Ele se tornaria não a criatura mais nobre, mas um dos mais ignóbeis dos seres racionais, isto é, o ser humano; portanto, Ele não

Seres humanos escolhidos, anjos caídos rejeitados 133

condescendeu ao nível intermediário das formas angelicais, mas desceu e se tornou um ser humano. "Ele não assumiu a natureza dos anjos, mas ele tomou a semente de Abraão." Observemos a sabedoria e o amor presentes nesse ato, e encontraremos motivos que nos fará glorificar a Deus por tal ação.

1. Primeiro, se Cristo tivesse assumido a natureza dos anjos, Ele nunca poderia ter feito expiação pelo ser humano. Deixando de lado o pensamento de que se Ele viesse para salvar o ser humano com aparência de anjo, teria parecido impróprio, vocês devem admitir que, se tivesse feito isso, Ele não poderia ter experimentado a morte. Como os anjos poderiam morrer? Podemos supor que o espírito deles pode ser extinto, se Deus assim o desejar; podemos supor a aniquilação completa daquilo a que somente Deus fornece a imortalidade; mas como os anjos não têm corpo, não podemos supor que sejam capazes de morrer, pois a morte é a separação do corpo e da alma; portanto, convinha a Cristo que Ele tomasse sobre si a forma de ser humano, para que pudesse tornar-se obediente até a morte, até mesmo a morte de cruz. Se os anjos estivessem por perto, eles teriam dito: "Oh! Poderoso Mestre, toma tu nossas roupagens radiantes. Oh! Não tomes as pobres roupagens cotidianas da humanidade, toma nossas roupagens resplandecentes, todas enfeitadas com pérolas". E Gabriel teria dito: "Vem, toma minhas asas, poderoso Criador, e me considerarei muito honrado por tê-las perdido por tua causa. Eis, pega esta coroa e este manto azul, com os quais te vestirás, Filho de Deus; calça minhas sandálias de prata em teus pés; torna-te não um ser humano, mas um anjo, se quiseres condescender". "Não, Gabriel", Ele teria dito, "Se eu estivesse em suas vestes, não poderia lutar contra a morte; não poderia dormir no túmulo; não poderia sentir as dores e a agonia da dissolução, portanto, eu devo, e vou, tornar-me um ser humano". "Ele não assumiu a natureza dos anjos, mas ele tomou a semente de Abraão."

134 O GRANDE EXÉRCITO DE DEUS

2. Se nosso Salvador tivesse se tornado um anjo, devemos notar, em seguida, que Ele nunca teria sido um exemplo adequado para nós. Não posso imitar um exemplo angélico em todos os aspectos, pode ser que seja muito bom, até onde posso imitá-lo; mas não pode, em todos os aspectos, ser o meu padrão. Se vocês quiserem me dar algo para imitar, deem-me um ser humano como eu; então posso tentar segui-lo. Um anjo não poderia ter nos dado o mesmo exemplo santo e piedoso que nosso Salvador deu. Se Ele tivesse descido do alto em roupagens semelhantes a dos espíritos resplandecentes, Ele poderia ter sido um belo exemplo para aqueles querubins resplandecentes que cercam seu trono; mas nós, pobres humanos mortais, condenados a arrastar a cadeia da mortalidade ao longo desta existência terrena, teríamos ignorado e dito: "Ah! Tal coisa é elevada demais para nós, não podemos alcançá-la"; e nós, portanto, nos deteríamos rapidamente. Se devo esculpir mármore, dê-me uma estátua de mármore que possa copiar; e se esse barro mortal deve ser talhado no próprio modelo de perfeição, como deve ser pelo Espírito de Deus, então dê-me o ser humano como exemplo; pois sou um ser humano e, como ser humano, devo ser aperfeiçoado. Cristo não apenas não poderia ter sido um Redentor, mas também não poderia ter sido nosso exemplo se tivesse assumido a natureza dos anjos.

3. Docemente, lembremo-nos também de que, se Cristo tivesse sido um anjo, Ele não poderia ter tido compaixão de nós. Para termos compaixão por nossos semelhantes, devemos ter algo em comum com eles. Suponhamos uma pessoa feita de ferro ou de latão: poderiam contar a ela sobre doenças ou enfermidades; acaso ela conseguiria entender isso? Eu não a aceitaria como enfermeira; não gostaria de ter tal pessoa como minha médica; ela não conseguiria sentir nada por mim; ela não seria capaz de sentir compaixão por mim. Não, mesmo os nossos semelhantes não conseguem ter compaixão por nós, a menos que tenham sofrido como nós. Ouvi falar de uma senhora que nunca conheceu a pobreza em

toda a sua vida e, consequentemente, não sentia compaixão pelos pobres. Ela ouviu a reclamação de que o pão era extremamente caro, quando um pãozinho custava poucos centavos. "Oh!", ela disse, "Não tenho paciência com os pobres, que reclamam do preço do pão. Se o pão é tão caro, deixe-os viver com pãezinhos baratos; eles são sempre mais acessíveis". Ela nunca esteve na posição dos pobres e, portanto, não conseguia ter compaixão por eles; e ninguém pode ter compaixão pelo outro, em grande medida, a menos que tenha estado, em certa medida, na mesma posição e suportado os mesmos problemas. "Pelo que convinha que, em tudo, fosse semelhante aos irmãos, para ser misericordioso e fiel sumo sacerdote" (Hebreus 2:17); "Porque não temos um sumo sacerdote que não possa compadecer-se das nossas fraquezas; porém um que, como nós, em tudo foi tentado, mas sem pecado" (Hebreus 4:15). E se Ele fosse um anjo, que compaixão conseguiria ter por mim? Suponha que eu dissesse a um anjo que dificilmente poderia resistir às minhas corrupções: o anjo olharia para mim e se perguntaria o que eu queria dizer. Se eu lhe dissesse que considero este mundo um vasto deserto, no qual uiva um vento fortemente: como ele poderia acreditar em mim, pois ele nunca ouviu uivos, seus ouvidos foram apenas saudados por harpas douradas e doces sinfonias corais de louvor. Se eu lhe dissesse que achei difícil seguir meu caminho e permanecer perto de meu Salvador, o anjo só poderia dizer: "Não consigo ter compaixão por você, pois não sou tentado como você; não tenho uma natureza obstruída de sujeira para diminuir meu zelo ardente, mas dia sem noite, com asas incansáveis, eu rodeio o trono de Deus regozijante; nem tenho desejo nem vontade de me afastar de meu grande Criador". Aí você vê a sabedoria do Salvador: Ele se tornaria um ser humano, e não um anjo.

4. Mais uma vez, Cristo tornou-se um ser humano, e não um anjo, porque desejava ser um com a sua querida igreja. Cristo estava noivo de sua igreja antes do início dos tempos; e quando Ele veio ao mundo, Ele

realmente disse: "Eu irei com você, minha noiva, e me deliciarei com a sua companhia. As vestes dos anjos não eram roupas de casamento adequadas para eu usar se eu quiser ser osso dos seus ossos e carne da sua carne. Estou ligado a você por uma união firme e forte. Chamei você Hefzibá, 'meu prazer está em você'; e eu disse: sua terra será chamada Beulá, isto é, 'casada'[...] (Isaías 62:4). Ora, se eu for casado com você, viverei nas mesmas condições que você; não seria adequado que o marido morasse no palácio e a esposa morasse na casa de campo; não seria adequado que o marido se adornasse com trajes deslumbrantes, e a esposa com vestes simplórias". "Não", disse Ele à sua igreja, "Se você habitar na terra, eu o farei; se você morar em um tabernáculo de barro, eu farei o mesmo".

> "Sim", disse o Senhor, "com ela eu irei,
> Através de todas as profundezas do cuidado e da angústia,
> E na cruz ainda ousarei
> As amargas dores da morte suportar".

Cristo não suporta ser diferente de sua igreja. Sabem, Ele não estaria no céu sem ela, portanto, cumpriu aquela longa jornada para redimi-la e visitá-la; e quando veio essa boa missão, não queria que sua igreja fosse feita de barro, enquanto Ele também não o fosse; Ele era a cabeça (Colossenses 1:18), e seria errado que a cabeça fosse de ouro e o corpo de barro; teria sido como a imagem de Nabucodonosor, que deveria ser quebrada (Daniel 3:31-47). "Visto como os filhos participam da carne e do sangue, também ele participou das mesmas coisas" (Hebreus 2:14), pois convinha que "aperfeiçoasse, por meio de sofrimento" a si mesmo, já que era "o Autor da [nossa] salvação" (Hebreus 2:10). Assim, novamente, vocês veem seu amor e sua sabedoria, que Ele "não assumiu a natureza dos anjos, mas ele tomou a semente de Abraão".

5. Novamente, se Cristo não tivesse assumido a natureza do ser humano, então a humanidade não teria sido tão honrosa nem haveria tanto consolo nela como há. Considero que ser um cristão é ser a maior coisa que Deus fez. Por menor que eu seja, posso dizer de mim mesmo que, se sou filho de Deus, estou ao lado do meu Criador. Existe uma distância infinita, terrível e imensurável; mas, exceto o próprio Jesus Cristo, não existe um ser entre o ser humano e Deus. Quanto a um anjo, ele é menos que um ser humano redimido. "Não são, porventura, todos eles espíritos ministradores, enviados para servir a favor daqueles que hão de herdar a salvação?" (Hebreus 1:14). Sem nenhuma questão, o menor ministra ao maior, e o maior não servirá ao menor; portanto, os anjos são menores que os seres humanos, pois nos ministram. A humanidade é uma coisa nobre, pois Deus tornou-se humano uma vez; a humanidade é uma coisa gloriosa, pois foi a vestimenta do Eterno: "Deus se fez carne e habitou entre nós" (João 1:14); portanto, a carne é digna e glorificada. Como eu disse, não haveria tanto consolo em ser um ser humano se Cristo não tivesse sido um. Pois eu sei que devo morrer; agora, meu consolo é que ressuscitarei; mas eu não teria esse consolo se Cristo não tivesse sido um ser humano, e se Ele não tivesse morrido e ressuscitado. Ó, morte! Muitas vezes vi sua masmorra e pensei: como pode alguém escapar dela; as suas paredes são grossas, e contra a porta há uma pedra pesada; está firmemente selada, e os vigias a guardam. Ó, morte! Onde está a pessoa que pode rasgar o seu sepulcro ou abrir a sua porta? Suas barras de ferro, ó morte, não podem ser limadas por mortais, e suas correntes são pesadas demais para serem quebradas pelo finito; mas sou consolado, pois houve uma pessoa que quebrou os laços da morte; houve alguém que rompeu o grilhão (Atos 2:24), cortou as barras de bronze, destrancou os portões e abriu caminho triunfante pelo céu (Salmos 24:7-10); naquela pessoa vejo um exemplo do que eu também farei; quando a forte trombeta do arcanjo despertar meus átomos adormecidos (1Tessalonicenses 4:16), eu também

138 O grande exército de Deus

acharei fácil levantar-me, pois assim como o Senhor meu Salvador ressuscitou, todos os seus seguidores devem fazê-lo (João 11:25-26); e portanto, morte, considero sua masmorra como algo que deve ser aberto novamente, pois foi aberto uma vez; considero o seu verme apenas como uma coisa insignificante que deve entregar sua presa e devolver a carne com a qual se alimenta; vejo a pedra do teu sepulcro apenas como um pedregulho da praia de cascalho do oceano, o qual jogarei fora com mão impetuosa, ao romper as mortalhas da sepultura e subir para a imortalidade. Há conforto em ser um ser humano, porque Cristo morreu e ressuscitou; mas se Ele fosse um anjo, a ressurreição não teria sido aquela grande e gloriosa prova, nem deveríamos estar tão contentes em sermos humanos, visto que haveria morte, mas não imortalidade e vida.

II

Assim, tentei explicar a primeira parte do assunto; e agora partiremos para a segunda. A tradução literal do nosso texto é: "ele não tomou os anjos, mas tomou a descendência de Abraão", o que significa que Cristo não morreu para salvar anjos, embora muitos deles precisassem de salvação. Ele, no entanto, morreu para salvar o ser humano caído. Ora, de vez em quando, gosto de dar aos oponentes das grandes doutrinas da graça algo difícil no que pensarem. Muitas vezes me disseram que a eleição é uma doutrina terrível e ensinar que Deus salva alguns e deixa outros perecerem é tornar Deus injusto. Algumas vezes perguntei como seria isso; e a resposta usual que recebo é esta: suponha que um pai tivesse um certo número de filhos e colocasse alguns de seus filhos em uma masmorra terrível e fizesse o resto deles felizes. Você pensaria que o pai seria justo? Bem, eu respondo: vocês propuseram um caso, e eu responderei. É claro que não deveria: o filho tem direitos a reivindicar do pai, e o pai é obrigado a dar-lhe os seus direitos; mas quero saber o que você quer dizer com essa pergunta. Como isso se aplica ao caso de Deus? Eu não sabia que todos os seres humanos eram filhos de Deus; eu sabia que eles eram súditos rebeldes de Deus, mas não sabia que eram seus filhos. Eu pensei que eles não se tornariam seus filhos até que nascessem de novo, e que quando eles se tornassem filhos de Deus, Ele os trataria todos da mesma forma, e os levaria todos para o céu, e lhes daria uma mansão. Nunca ouvi dizer que Ele mandaria algum de seus filhos para o inferno; "é verdade", ouvi você dizer; ouvi você dizer que alguns dos filhos de Deus caem da graça e, portanto, são mandados para o inferno, e deixo você para resolver o problema de como isso é justo; mas, caro, não consinto que todas as criaturas de Deus sejam seus filhos, e tenho uma pequena pergunta para você. Como você explica isto: que os demônios e os anjos caídos estão todos perdidos e, ainda assim, de acordo com sua própria demonstração, todos os seres humanos caídos têm uma chance de serem salvos? Como você entende isso? "Oh!", você diz, "isso é uma questão diferente; eu não estava conjecturando sobre os anjos caídos". Mas se você perguntasse ao Diabo sobre isso, ele não lhe diria que era um assunto diferente; ele diria: "Senhor, se todos os seres humanos são filhos de Deus, todos os demônios o são igualmente. Tenho certeza de que eles deveriam estar no mesmo pé que os seres humanos, e um anjo caído tem o mesmo direito de se chamar um dos filhos de Deus quanto o ser humano caído". E eu gostaria que você respondesse a esse demônio sobre esse assunto com base em sua própria hipótese. Deixe que Satanás, pelo menos uma vez, lhe faça uma pergunta: "Você diz que é injusto da parte de Deus enviar um de seus filhos para o inferno e levar outro para o céu. Agora, você disse que todas as criaturas são seus filhos. Bem, eu sou uma criatura e, portanto, sou filho de Deus. Quero saber, meu amigo", diz Satanás, "como você pode justificar o fato de que meu Pai me envia para o inferno, mas permite que você vá para o céu?" Nessas circunstâncias, você deve resolver essa questão com o Diabo; eu não responderei por você. Nunca imaginei

140 O GRANDE EXÉRCITO DE DEUS

tal caso; meus pontos de vista nunca me levam a esse dilema, mas você terá problemas e poderá sair dele da melhor maneira possível. De acordo com meus princípios, o fato é suficiente: humanos e demônios pecaram e ambos mereceram ser condenados pelos seus pecados; Deus, se assim decidir, pode destruir todos eles com justiça, ou pode salvá-los todos, se puder fazê-lo com justiça; ou Ele pode salvar um deles, se quiser, e deixar os outros perecerem; e se, como fez, escolher salvar um remanescente, e esse remanescente será de seres humanos, e se Ele permitir que todos os anjos caídos afundem no inferno, tudo o que podemos responder é que Deus é justo e tem o direito de fazer o que quiser com suas criaturas. Sabem, vocês dão a um monarca o direito de perdoar um rebelde quando ele achar adequado, e não darão esse direito a Deus? "Não", você diz, "não, a menos que Ele perdoe a todos". Bem, senhor, então não havia nenhum direito nisso; o monarca não lhe agradeceria se você lhe desse liberdade para perdoar a todos; ele diria: "Não, há casos em que é para minha honra e para a honra de minhas leis não perdoar e, portanto, não farei isso; há outros casos em que é para honra de minha clemência, e não prejudica minhas leis e, portanto, eu os perdoo e defendo meu direito de fazê-lo". Agora, o que você der a um rei ou a um imperador, você negará a Deus; mas estou aqui para reivindicar esse direito para Ele e negá-lo, por favor; você terá de negar isso apesar das Escrituras, pois elas declaram com autoridade que Deus é um Soberano; que Ele "compadece-se de quem quer e endurece a quem quer" (Romanos 9:18).

Agora, se nosso amigo nos permitir, iremos, por um momento, apenas considerar este caso: como é que os demônios estão perdidos e alguns seres humanos são salvos.

1. Em primeiro lugar, não creio que seja por causa de qualquer diferença no pecado. Quando dois criminosos são levados perante um juiz, se um deles deve ser salvo e o outro punido, muito provavelmente o juiz dirá: "Quem é o maior criminoso? Deixe o maior criminoso morrer, e

SERES HUMANOS ESCOLHIDOS, ANJOS CAÍDOS REJEITADOS 141

deixe o menor ser salvo". Ora, não sei se Satanás foi um criminoso maior do que o ser humano; não tenho certeza se os anjos caídos pecaram mais do que os seres humanos. "Ora, senhor", você diz, "o pecado do ser humano foi muito pequeno; ele apenas roubou alguns dos frutos de seu Mestre" (Gênesis 3:1-13). Sim, mas se fosse algo assim, que coisa pequena teria sido não o fazer! Se fosse uma coisa tão pequena, quão facilmente ele poderia tê-la evitado! E, portanto, porque ele fez isso, tornou-se um pecado ainda maior. "Oh!", você diz, "mas Satanás foi orgulhoso, e os anjos caídos também o foram" (Isaías 14:12-15). E você não está na mesma direção, meu amigo? De qualquer forma, Adão estava. "Mas", você diz, "Satanás foi rebelde". Bem, se você não fosse um rebelde, você não falaria assim; se você não tivesse se rebelado contra Deus, você não estaria disposto a negar a soberania dele. "Mas", você diz, "o Diabo foi um mentiroso desde o início" (João 8:44). Eu me pergunto há quanto tempo você não fala a verdade, caro; você sabe mentir tão bem quanto ele e, embora possa não ter desenvolvido seu pecado tanto quanto os anjos caídos, se Deus o deixasse em paz e tirasse o freio, me pergunto se essa seria a diferença entre você e o Diabo. Acredito que se fosse permitido aos seres humanos fazerem o que quisessem, e não houvesse governo sobre eles, quase eles iriam além de Satanás. Vejam Robespierre,[30] na França, e os acontecimentos do Reinado do Terror;[31] voltem-se para países pagãos: não me atrevo a dizer-lhe que vícios abomináveis, que pecados lascivos são cometidos ali em público; aponto-lhes Sodoma e Gomorra (Gênesis

---

[30] Maximilien François Marie Isidore de Robespierre (1758-1794) foi um advogado e político francês e uma das personalidades mais importantes e controversas da Revolução Francesa. Tinha a ideia de uma França unificada e indivisível, estabelecendo a igualdade de todos perante a lei e erradicando privilégios das elites políticas e religiosas.

[31] Período da Revolução Francesa quando, após a criação da Primeira República, uma série de massacres e numerosas execuções públicas pela Comissão de Segurança Pública ocorreram em resposta ao fervor revolucionário, ao sentimento anticlerical e às acusações de traição.

142 O grande exército de Deus

18—19) e pergunto-lhes o que o ser humano pode se tornar; e digo que não sei se um ser humano poderia se tornar tão vil quanto um demônio, se a misericórdia restritiva de Deus lhe fosse tirada; de qualquer forma, não digo que o pecado de Adão foi tão grande quanto o de Satanás. "Ah!", você diz, "mas Adão foi tentado a fazer isso". Sim, isso foi um pretexto; mas isso também acontecia com a maior parte dos demônios. É verdade que Satanás não foi tentado; ele fez isso por sua própria vontade; mas ele tentou os outros espíritos e, portanto, o pretexto que servirá para o ser humano servirá para a grande massa de espíritos caídos; e por que Deus, consequentemente, não selecionou uma porção dos espíritos caídos para ser salva? Eu respondo que vocês nunca encontrarão nenhuma razão, exceto esta: "Não me é lícito fazer o que quiser do que é meu?" (Mateus 20:15); e devemos cair de joelhos e admirar sem fôlego a soberania infinita que passou pelos anjos e salvou o ser humano.

2. Contudo, suponham que não haja muita diferença em seus pecados; a próxima questão é: qual desses dois seres é o que mais vale a pena salvar? Qual é a criatura mais valiosa? Qual serviria mais ao seu Criador, se fosse poupada? E eu desafio qualquer um de vocês a afirmar que um ser humano pecador é uma criatura mais valiosa do que um anjo. Ora, se Deus tivesse olhado para o benefício, falando à maneira humana, seria mais proveitoso para Ele salvar o anjo. Não poderia o anjo restaurado servi-lo melhor do que o ser humano restaurado? Se eu sirvo a Deus, dia após dia, ainda assim à noite eu preciso descansar; mas os anjos servem dia e noite em seu templo. Se meu zelo for tão intenso, ainda assim meu corpo deverá fraquejar; mas os anjos não conhecem o cansaço; e se eu for salvo, serei apenas um pobre cortesão para ficar ao redor de seu trono, mas aquele resplandecente serafim caído, se tivesse sido liberto, teria sido um nobre para enfeitar os salões do Todo-poderoso. Se algum dia eu for levado para o céu, não terei honras angelicais resplandecentes, e minha natureza, quando enobrecida, não superará o que um anjo poderia ter

SERES HUMANOS ESCOLHIDOS, ANJOS CAÍDOS REJEITADOS **143**

sido se Deus assim tivesse decretado; mas se Satanás tivesse sido salvo, oh! quão alto ele teria cantado, e com que glória ele teria marchado pelo céu, para o louvor e glória da graça que o resgatou do inferno! Portanto, se Deus tivesse pensado em seu próprio benefício, Ele teria preferido salvar os anjos a salvar os seres humanos.

3. Outro pensamento. Às vezes, o governo dirá: "Bem, aqui estão duas pessoas para serem executadas; desejamos salvar uma; qual das duas seria o indivíduo mais perigoso para permitir que continue sendo um inimigo?". Agora, o que poderia ferir mais a Deus, falando como o ser humano falaria: um anjo caído ou um ser humano? Eu respondo que o ser humano caído pode causar poucos danos ao governo divino, comparado a um anjo caído; um anjo caído é tão sutil, tão poderoso, tão rápido, tão capaz de voar nas asas do relâmpago, que ele pode causar dez vezes mais prejuízo ao seu Criador, se é que, de fato, o Criador pode ser prejudicado, do que o ser humano jamais poderia fazer; de modo que, se houvesse qualquer consideração desse tipo na mente divina, Deus teria escolhido salvar os demônios, uma vez que eles poderiam, se fossem salvos, causar-lhe a maior glória e, se não fossem salvos, causar-lhe o maior prejuízo.

4. E ainda mais uma consideração aqui, para mostrar ainda mais quão soberana é a vontade divina nesse assunto. Talvez fosse dito que, se alguém quiser ser salvo, salve-se aquele que se esforçar menos para ser salvo. Agora, o que poderia ser salvo com maior facilidade, vocês deveriam supor: um anjo caído ou um ser humano caído? De minha parte, não vejo diferença; mas se houver alguma, parece-me que uma restauração não coloca as coisas tão fora de ordem quanto uma revolução; e restaurar os anjos ao lugar de onde haviam caído, falando como um ser humano deve falar, não teria sido tão difícil a ponto de tirar o ser humano caído do lugar de onde ele havia caído e colocá-lo onde os anjos caídos uma vez estiveram.

Se Satanás tivesse entrado no céu, teria sido como uma restauração — um velho rei voltando ao seu antigo trono; mas quando o ser humano vai para lá, é como um rei indo para uma nova dinastia — um novo reino; é o ser humano entrando no lugar do anjo; e para isso, vocês sabem, deve haver graça que santifica e amor que compra. Isso poderia ter sido necessário para os anjos caídos, mas certamente não mais para eles do que para o ser humano caído. Aqui, então, somos levados de volta à única resposta: que Deus salva os seres humanos, e não os anjos, apenas porque Ele escolhe fazê-lo; e Ele diz aos anjos que pereceram: "Mas, ó Satanás, quem és tu, que a Deus replicas? Porventura, a coisa formada dirá ao que a formou: Por que me fizeste assim?" (Romanos 9:20).

5. Vocês podem dizer: "Deus salvou o ser humano porque teve pena dele. Mas então por que Ele não teve pena dos demônios?". Conheço duas pessoas que vivem com pouco dinheiro por semana. Tenho muita pena de um deles, na verdade; mas o outro, que não está em melhor situação, é de quem mais tenho pena, pois já conheceu dias melhores. O ser humano, é verdade, caiu do Éden; mas Satanás caiu do céu e é ainda mais digno de pena devido à grandeza de sua queda; e, portanto, se a piedade tivesse tal padrão, Deus teria decidido pelos anjos caídos, e não pelo ser humano caído.

Acho, no entanto, que ouço alguém sussurrando novamente: "Sim, mas não vejo a primeira parte: você disse que não sabia, mas o pecado do ser humano foi tão grande quanto o pecado de Satanás". Bem, peço para que repita; e digo outra coisa: por mais sábio que você seja, você também não conhece nenhuma diferença; pois acha que, se os pecados fossem diferentes, o castigo seria o mesmo? Certamente não, você diz; o mesmo castigo pelo mesmo pecado. Bem, agora, demônios e seres humanos estarão no mesmo inferno; o lago de fogo que foi preparado para o Diabo e seus anjos é o lugar onde os seres humanos são lançados; e, portanto, eu o desafio a provar que o pecado deles não é o mesmo. Acredito que, se não for o mesmo em grau, será o mesmo em qualidade e em natureza. Portanto, um anjo caído e um ser humano caído estão no mesmo nível;

de modo que, se Deus faz diferença, Ele a faz apenas porque a fará, e não dá conta de suas ações. Essa é uma faca que corta raízes e ramos como mérito; tira do livre-arbítrio qualquer chance de acusar Deus de injustiça; pois como alguém pode provar que Deus é injusto ao salvar um ser humano e não outro, quando alguém não ousa sugerir que Ele é injusto ao salvar alguns seres humanos e deixar os demônios perecerem?

E agora encerrei esse assunto. E devo apenas fazer uma reflexão prática ou algo assim, e então eu terei terminado. Alguns podem criticar esta pregação doutrinária, e eles sairão e me chamarão de antinomiano.[32] Não serei nada detalhista quanto a isso, desde que possa irritá-los; pois se alguém odeia a verdade, nunca hesitarei em incitar sua ira; e se alguém ofender o meu Deus, que ele fique ofendido. Muito melhor para ele mostrar a sua oposição; pois, então, talvez ele possa saber que isso está nele e assim se arrependa disso diante de Deus. Vou mostrar, no entanto, que esse é um assunto prático. É prático desta forma: se alguém não se submeter ao direito de Deus de fazer que lhe agrada, terá sérias razões para duvidar de sua própria vida cristã. "Sim", você diz, "precisamente". Agora, não quero dizer nada duro ou preconceituoso; mas quero dizer isto novamente: eu não afirmo que se vocês negam isso doutrinariamente, mas se em seus corações odiarem a doutrina de que Deus tem o direito de salvá-los ou de destruí-los, vocês me dão motivos muito graves para suspeitar se vocês alguma vez conheceram sua própria posição às vistas de Deus; pois tenho certeza de que nenhum pecador humilde duvidará do direito de Deus de destruí-lo, e acredito que ninguém que tenha qualquer amor por seus semelhantes, acreditando que Deus tem o direito de destruí-lo, jamais brigará com Deus, se Ele escolheu salvar outro que é tão ruim quanto ele. Eu lhes digo, é o seu orgulho desavergonhado que se opõe a essas doutrinas; é a sua presunção infernal, nascida do inferno, que faz você odiar

---

[32] Aquele que defende que não é necessário seguir regras, normas e leis dentro da religião cristã.

146 O GRANDE EXÉRCITO DE DEUS

essa verdade. Os seres humanos sempre lutaram contra isso e sempre o farão. Quando Cristo pregou isso uma vez, eles o teriam arrastado para o topo da colina e o lançado de cabeça; e espero sempre encontrar oposição, se falar ampla e claramente; mas deixem-me dizer-lhes solenemente: se vocês não acreditam no direito de Deus sobre vocês, temo que seu coração nunca tenha sido reto diante de Deus.

Outra conclusão prática: se vocês acham que isso é verdade, que Deus tem o direito de enviar sua alma para o inferno, e que se Ele salvar outra pessoa, e não vocês, Ele será justo, mas se Ele salvar vocês, será um ato de livre amor diferenciador, vocês mostram um espírito que está muito próximo do reino dos céus. Não creio que ninguém admita essa verdade a menos que tenha o coração transformado: ele pode até a admitir em sua mente, mas não sentirá que é verdade, a menos que tenha um novo coração e um espírito reto. Não irei tão longe a ponto de dizer que alguém que crê na soberania divina deva ser cristão; isso iria torcer a verdade; mas eu digo que, se alguém for humilde o suficiente, manso o suficiente, contrito o suficiente para se deitar aos pés do Salvador com isso: "Nada em minhas mãos eu trago, não tenho justiça nem reivindicações; se tu me condenares, serás justo; se tu me salvares, eu te agradecerei para sempre", tal pessoa deve ter tido uma obra da graça em seu coração para levá-la a tal conclusão. Se você pode dizer isso, então, pobre pecador, venha a Jesus, venha a Jesus; pois Ele nunca o expulsará. Deixe-me contar uma história sobre o filho pródigo e então terei terminado. O filho pródigo partiu certa manhã e tinha uma longa jornada pela frente; ele tinha uma colina alta para escalar, chamada de "Colina de seus próprios pecados e loucuras". Ele mal havia chegado ao topo e estava se aproximando da torre, chamada de "Torre do verdadeiro arrependimento", quando seu pai, que estava sentado no topo da casa, o viu; e quando o viu, saiu correndo imediatamente, e antes que seu filho chegasse à porta, ele lançou-se em seu pescoço e o beijou. Ele levou seu filho para casa, e um banquete foi

Seres humanos escolhidos, anjos caídos rejeitados **147**

preparado. Eles se sentaram para comer; mas depois que o filho se sentou, o pai voltou os olhos para ele, e ele não estava comendo, pois lágrimas escorriam por seu rosto. "Meu filho", disse o pai, "por que você não come? Por que você chora, meu filho? O banquete está todo preparado para você". Em prantos, o filho disse:

— Pai, você me perdoa por tudo?

— Sim, — diz o pai — eu perdoo você. Coma, meu filho. Não chore.

O filho pródigo continuou. O pai voltou os olhos para os outros convidados e, pouco depois, olhando para o filho, viu que ele estava chorando de novo em vez de comer. Disse o pai:

— Filho, por que você não come? A festa é toda para você. Por que você chora, meu filho?

— Pai — disse ele, com as lágrimas escorrendo novamente pelo rosto —, você me deixará ficar aqui?

— Oh, sim, meu filho — disse o pai —, coma; não chore; você ficará aqui; você é meu filho amado.

Pois bem, o filho pródigo continuou, e o pai olhou para os outros convidados; mas aos poucos ele voltou a olhar e lá estava seu filho chorando mais uma vez.

— Meu querido filho, por que você chora? — ele pergunta.

— Oh, pai — disse ele —, você vai me manter aqui? Pois se não o fizer, sei que fugirei. Pai, você vai me fazer ficar aqui?

— Sim, meu filho — disse ele —, eu farei isso.

Minha graça será como um grilhão que prende em mim esse coração errante.

O filho enxugou os olhos, continuou com a refeição e nunca mais chorou. Pronto, pobre filho pródigo, há algo para você; se você vier a Cristo, você sempre permanecerá lá; e além e acima disso, Ele manterá você lá. Portanto, alegre-se; pois embora Ele tenha o direito de destruir

148 O GRANDE EXÉRCITO DE DEUS

você, lembre-se, Ele não o fará; pois seu coração está cheio de amor e piedade por você. Apenas venha a Ele e você será salvo.

SERMÃO PROFERIDO EM 15 DE AGOSTO DE 1889.

8

O CRISTO ENFRAQUECIDO É FORTALECIDO

Então, lhe apareceu um anjo do céu, que o fortalecia.

LUCAS 22:43

SUPONHO que esse incidente tenha acontecido imediatamente após a primeira oração de nosso Senhor no jardim do Getsêmani. Suas súplicas tornaram-se tão fervorosas e intensas que o fizeram suar sangue (Lucas 22:44). Evidentemente, Ele estava em grande agonia de medo enquanto orava e lutava até sangrar. O escritor da Epístola aos Hebreus nos diz que Ele "foi ouvido quanto ao que temia" (Hebreus 5:7). É provável que o anjo tenha vindo em resposta a essa oração. Essa foi a resposta do Pai ao clamor do seu Filho que desfalecia e suportava uma dor infinita por causa do pecado de seu povo; por tudo isso, o Mestre teve de ser divinamente sustentado quanto à sua humanidade para que não fosse totalmente esmagado sob o peso terrível que pressionava sua alma santa.

Mal nosso Salvador tinha terminado de orar quando a resposta à sua petição chegou. Isso nos lembra da súplica de Daniel e do mensageiro

150 O grande exército de Deus

angélico que voou tão rapidamente que, assim que a oração saiu dos lábios do profeta, Gabriel estava ali com a resposta (Daniel 9:21-23). Portanto, irmãos e irmãs, sempre que vocês enfrentarem tempos de provação, recorram aos seus joelhos. Qualquer que seja a forma que o seu problema possa assumir — se até mesmo parecer uma tênue representação da agonia do seu Senhor no Getsêmani —, coloquem-se na mesma postura na qual Ele suportou o grande choque que lhe sobreveio. Ajoelhem-se e clamem ao Pai celestial, que é capaz de salvá-los da morte, de impedir que a provação os destrua totalmente, de lhes dar força para suportar e superar a provação para o louvor da glória de sua graça.

Esta é a primeira lição que devemos aprender com a experiência de nosso Senhor no Getsêmani: *a bênção da oração*. Ele ordenou que orássemos, mas fez mais do que isso, pois nos deu o exemplo da oração; e se o exemplo for, como temos certeza de que é, muito mais poderoso do que o preceito, não deixemos de imitar nosso Salvador no exercício de súplicas potentes, prevalecentes e repetidas sempre que nossos espíritos estiverem abatidos e nossas almas, angustiadas. Possivelmente vocês já disseram algumas vezes: "Sinto-me tão triste que não consigo orar". Não, irmão, esse é o momento em que você deve orar. Assim como as especiarias, quando esmagadas, exalam ainda mais fragrância por causa do esmagamento, deixe a tristeza do seu espírito fazer com que ele envie uma oração mais fervorosa ao Deus que é capaz de libertá-lo e está disposto a fazê-lo. Você deve expressar sua tristeza de uma forma ou de outra; portanto, não seja rápido em murmurar (1Coríntios 10:10,), mas em suplicar (Efésios 6:18). É uma vil tentação da parte de Satanás mantê-lo longe do propiciatório quando você mais precisa ir para lá; mas não ceda a essa tentação. Ore até você conseguir orar; e se você descobrir que não está cheio do Espírito de súplica (Zacarias 12:10), use qualquer medida do orvalho sagrado que tiver; e assim, aos poucos, você terá o batismo do Espírito, e a oração se tornará para você um exercício mais feliz e alegre do que é atualmente. Nosso Salvador disse aos seus discípulos: "A minha alma está cheia de tristeza até à morte" (Mateus 26:38); ainda assim, acima de todos os momentos, Ele estava em agonia de oração; e, à medida que se intensificava sua tristeza, também se intensificava a sua súplica.

Em nosso texto, há duas coisas a serem observadas. Primeiro, a fraqueza de nosso Senhor; em segundo lugar, o seu fortalecimento.

I

Primeiro, então, meditemos um pouco sobre *a fraqueza de nosso Senhor.*

Que Ele estava extremamente fraco fica claro pelo fato de que um anjo veio do céu para fortalecê-lo, pois os santos anjos nunca fazem nada que seja dispensável. Eles são servos de um Deus eminentemente prático, que só faz aquilo que lhe é necessário fazer. Se Jesus não precisasse de fortalecimento, um anjo não teria vindo do céu para fortalecê-lo. Contudo, quão estranho parece aos nossos ouvidos que o Senhor da vida e da glória estivesse tão fraco que precisasse ser fortalecido por uma de suas próprias criaturas! Quão extraordinário parece que Ele, que é "Deus verdadeiro de Deus verdadeiro",[33] ainda assim, quando apareceu na Terra como Emanuel, Deus conosco (Mateus 1:23), tenha assumido tão completamente a nossa natureza, tornando-se tão fraco a ponto de precisar ser sustentado pela agência angélica! Isso pareceu a alguns dos santos irmãos mais antigos como sendo depreciativo à sua dignidade divina; por causa disso, alguns manuscritos do Novo Testamento omitem essa passagem; supõe-se que o versículo tenha sido eliminado por alguns que afirmavam ser ortodoxos, para que, talvez, os arianos não se apoderassem dele e o usassem para reforçar suas heresias.[34] Não posso ter a certeza de quem o eliminou e

---

[33] Citação do Credo Niceno de 325.

[34] O arianismo foi um pensamento cristão heterodoxo do século 4 encabeçado por Ário, um presbítero de Alexandria do Egito. Ele negava que Jesus tivesse a mesma essência divina do Pai.

152 O GRANDE EXÉRCITO DE DEUS

não estou totalmente surpreendido que o tenham feito. Eles não tinham o direito de fazer nada desse tipo, pois tudo o que é revelado nas Escrituras é verdadeiro. No entanto, eles pareciam estremecer diante da ideia de que o Filho de Deus algum dia tenha ficado tão enfraquecido a ponto de precisar do apoio de um mensageiro angélico para fortalecê-lo.

No entanto, irmãos e irmãs, esse incidente prova a realidade da humanidade do nosso Salvador. Aqui vocês podem perceber quão plenamente Ele compartilha a fraqueza de nossa humanidade — não em fraqueza espiritual, de modo a se tornar culpado de qualquer pecado, mas em fraqueza mental, a ponto de sentir grande depressão de espírito; e em fraqueza física, a ponto de ficar exausto até o último grau por seu terrível suor de sangue. O que é fraqueza extrema? É algo diferente de dor, pois a dor aguda evidencia pelo menos alguma medida de força; mas talvez alguns de vocês sabem o que é sentir como se mal estivessem vivos; vocês estavam tão fracos que mal conseguiam perceber que estavam realmente vivendo. O sangue fluía, se é que fluía, mas muito lentamente nos canais das veias; tudo parecia estagnado dentro de vocês. Vocês estavam muito fracos, quase desejando ficar inconscientes, pois a consciência que tinham era extremamente dolorosa; vocês estavam tão fracos e doentes que se sentiam prontos para morrer. As palavras de nosso Mestre, "A minha alma está cheia de tristeza até à morte" (Mateus 26:38), provam que a sombra da dissolução iminente pairava cheia de escuridão sobre seu espírito, sua alma e seu corpo, de modo que Ele podia verdadeiramente citar o Salmo 22 e dizer: "[Tu] me puseste no pó da morte" (v. 15). Eu acho, amados, que vocês deveriam estar felizes por ter acontecido assim com seu Senhor, pois agora vocês podem ver como Ele se tornou semelhante a seus irmãos de modo completo, em seu sofrimento psicológico e em sua fraqueza física, bem como em outros aspectos.

Ajudará vocês a terem uma ideia do verdadeiro aspecto humano de Cristo se lembrarem que esse não foi o único momento em que Ele

O Cristo enfraquecido é fortalecido 153

esteve fraco. Ele, o Filho do homem, já foi um bebê (Lucas 2:4-7); e, portanto, todos os cuidados delicados necessários a um bebê por causa de falta de autonomia foram necessários também no caso dele. Envolto em panos e deitado em uma manjedoura, aquela criança era, o tempo todo, o Deus poderoso, embora Ele condescendesse em manter sua onipotência suspensa para que pudesse redimir seu povo de seus pecados. Não duvidem de sua verdadeira humanidade e aprendam com ela como Ele é ternamente capaz de se compadecer por todos os males e tristezas da infância, que não são tão poucos ou tão pequenos como alguns imaginam.

Além de ter sido uma criança e crescer gradualmente em estatura, assim como as outras crianças (Lucas 2:39-40), nosso Senhor Jesus ficava muitas vezes muito cansado. Como os anjos devem ter se admirado ao ver que aquele que brande o cetro da soberania universal e comanda todas as hostes estelares de acordo com sua vontade, "cansado do caminho, assentou-se assim junto da fonte" em Sicar (João 4:6). Ali Ele esperou pela mulher cuja alma tinha ido conquistar e, enxugando o suor de sua testa, descansou depois de ter viajado pelas áreas ardentes da terra. O profeta Isaías disse verdadeiramente que "o eterno Deus, o Senhor, o Criador dos confins da terra, nem se cansa, nem se fatiga" (Isaías 40:28). Esse é o lado divino de sua natureza gloriosa. "Jesus, pois, cansado do caminho, assentou-se assim junto da fonte." Esse era o lado humano de sua natureza. Lemos que Ele "não comeu coisa alguma" (Lucas 4:2) durante os quarenta dias de tentação no deserto, mas "depois teve fome" (Mateus 4:2). Alguns de vocês já souberam o que é sofrer a amargura da fome? Então, lembrem-se de que nosso Senhor Jesus Cristo também suportou essa dor. Ele, a quem corretamente louvamos e adoramos como "Deus bendito eternamente" (Romanos 9:5), como o Filho do homem (João 8:28), o Mediador entre Deus e os seres humanos (1 Timóteo 2:5), sentiu fome; e Ele também sentiu sede, pois disse à mulher que estava junto ao poço: "Dá-me de beber" (João 4:7).

154 O grande exército de Deus

Além disso, nosso Salvador ficava muitas vezes tão cansado que dormia, o que é mais uma prova de sua verdadeira humanidade. Certa vez, Ele estava tão cansado que dormiu mesmo quando, durante uma tempestade, o navio balançava de um lado para o outro e estava prestes a afundar (Mateus 8:23-24). Em certa ocasião, lemos que os discípulos "o levaram consigo, assim como estava, no barco" (Marcos 4:36), o que me parece implicar ainda mais do que diz, a saber, que Ele estava tão exausto que mal conseguia entrar no barco; mas eles "o levaram consigo, assim como estava", e ali Ele adormeceu. Além disso, sabemos que "Jesus chorou" (João 11:35) — não apenas uma ou duas vezes, mas muitas vezes; também sabemos o que completa a prova da sua humanidade: Ele morreu (João 19:30). Foi um fenômeno estranho que aquele a quem o Pai concedeu "ter a vida em si mesmo" (João 5:26) tenha sido chamado a passar pelas sombras escuras da morte, para que pudesse em todos os aspectos ser feito semelhante a seus irmãos (Hebreus 2:17), e assim ser capaz de ter plena compaixão por nós. Ó vocês, fracos, vejam quão fraco o seu Senhor se tornou para que Ele pudesse torná-los fortes! Poderíamos ler aquela passagem familiar: "sendo [nosso Senhor Jesus Cristo] rico, se fez pobre por amor de vós, para que, pela sua pobreza, vos tornásseis ricos" (2Coríntios 8:9); de uma maneira um pouco diferente: "sendo Ele forte, se fez fraco por amor de vocês, para que, pela sua fraqueza, vocês se tornassem fortes". Portanto, amados, "fortalecei-vos no Senhor e na força do seu poder" (Efésios 6:10).

Qual foi a razão da fraqueza especial de nosso Salvador quando estava no jardim do Getsêmani? Não posso agora entrar totalmente nesse assunto, mas quero que vocês percebam o que o provou tão severamente ali. Suponho que, primeiro, foi o contato com o pecado. Nosso Salvador sempre viu os efeitos do pecado sobre os outros, mas nunca o sentiu tão de perto como quando entrou naquele jardim; pois ali, mais do que nunca, a iniquidade de seu povo caiu sobre Ele, e esse contato despertou nele um santo horror. Você e eu não somos perfeitamente puros, então não ficamos tão horrorizados com o pecado quanto deveríamos; contudo, às vezes, podemos dizer com o salmista: "Grande indignação se apoderou de mim, por causa dos ímpios que abandonam a tua lei" (Salmos 119:53); mas — ouçam as palavras inspiradas, elas não são minhas — ser "contado com os transgressores" (Isaías 53:12) deve ter sido uma coisa terrível para a alma pura e santa do nosso gracioso Salvador. Ele parecia recuar diante de tal posição, e era necessário que fosse fortalecido para poder suportar o contato com aquela terrível massa de iniquidade.

Além disso, Ele teve de suportar o fardo desse pecado. Não foi suficiente para Ele entrar em contato com ele; mas está escrito: "o SENHOR fez cair sobre ele a iniquidade de nós todos" (Isaías 53:6); e quando Ele começou a compreender plenamente tudo o que estava envolvido em sua posição como o grande portador do pecado (Isaías 53:4), seu espírito pareceu desfalecer, tornando-o extremamente fraco. Ah, caro! Se você tiver de carregar o fardo do seu próprio pecado quando comparecer diante do tribunal de Deus, isso o afundará no inferno mais profundo; mas qual deve ter sido a agonia de Cristo enquanto carregava o pecado de todo o seu povo? À medida que a enorme massa de culpa caía sobre Ele, o Pai viu que a alma e o corpo humanos precisavam ser sustentados, caso contrário, seriam totalmente esmagados antes mesmo que a obra expiatória fosse realizada.

O contato com o pecado e o sofrimento da penalidade do pecado foram motivos suficientes para produzirem a fraqueza excessiva do Salvador no Getsêmani; além disso, Ele tinha consciência de que a morte se aproximava (Mateus 26:39). Tenho ouvido algumas pessoas dizerem que não devemos recuar diante da morte; mas afirmo que, na proporção em que alguém for uma pessoa boa, a morte não lhe será desagradável. Você e eu nos familiarizamos, em grande medida, com o pensamento da morte. Sabemos que devemos morrer — a menos que o Senhor venha logo —,

156 O GRANDE EXÉRCITO DE DEUS

pois todos os que vieram antes de nós o fizeram. As sementes da morte estão semeadas em nós e, como algumas doenças terríveis, estão começando a agir dentro de nossa natureza. É natural que esperemos morrer, pois sabemos que somos mortais. Se alguém nos dissesse que deveríamos ser aniquilados, qualquer pessoa razoável e sensata ficaria horrorizada com a ideia, pois isso não é natural para a alma do ser humano. Bem, sendo assim, a morte era tão antinatural para Cristo quanto a aniquilação seria para nós. Isso nunca fez parte da natureza dele, pois sua alma santa não continha nenhuma das sementes da morte; também recuou diante da morte o corpo imaculado de Cristo, o qual nunca conheceu doença ou corrupção alguma, sendo tão puro como quando, antes de tudo, "o ente santo" (Lucas 1:35, ARA) foi criado pelo Espírito de Deus. Não havia nele nenhuma das coisas que tornavam a morte natural; e, portanto, devido à própria pureza de sua natureza, Ele recuou diante da aproximação da morte e precisou ser especialmente fortalecido para enfrentar "o último inimigo" (1Coríntios 15:26).

Provavelmente, porém, era a sensação de deserção total que estava dominando a mente de Jesus, produzindo nele fraqueza extrema. Todos os discípulos haviam falhado com Ele e, em breve, o abandonariam. Judas havia se levantado contra Ele, e não havia nem um sequer de seus professos seguidores que se apegasse fielmente a Ele. Reis, príncipes, escribas e governantes estavam todos unidos contra Ele, e entre o povo não havia nenhum com Ele. Pior de tudo, pela necessidade de seu sacrifício expiatório e substitutivo, o próprio Pai retirou dele a luz de seu semblante; e foi no jardim que Ele começou a sentir a agonia de alma que, na cruz, arrancou dele aquele grito triste: "Deus meu, Deus meu, por que me desamparaste?" (Mateus 27:46). Aquela sensação de total solidão e deserção, somada a tudo o que havia suportado, tornou-o tão fraco que foi necessário que Ele fosse especialmente fortalecido para a provação pela qual ainda teria de passar.

II

Agora, em segundo lugar, meditemos um pouco sobre o *fortalecimento de nosso senhor*: "lhe apareceu um anjo do céu, que o fortalecia".

É noite, então Ele se ajoelha sob as oliveiras, oferecendo, como diz Paulo, "com grande clamor e lágrimas, orações e súplicas ao que o podia livrar da morte" (Hebreus 5:7).[35] Enquanto lutava ali, Ele é levado a uma tal agonia a ponto de transpirar grandes gotas de sangue (Lucas 22:44). De repente, surge diante dele, como um meteoro no céu da meia-noite, um espírito resplandecente que veio direto do trono de Deus para ministrar-lhe em seu momento de aflição.

Pensem na condescendência da parte de Cristo em permitir que um anjo viesse e o fortalecesse. Ele é o Senhor dos anjos e também dos seres humanos. Ao seu comando, eles voam mais rapidamente do que o relâmpago para fazer sua vontade. Mesmo assim, no extremo de sua fraqueza, Ele foi socorrido por um deles. Foi uma humilhação maravilhosa para o infinitamente grande e sempre bendito Cristo de Deus consentir que um espírito de sua própria criação aparecesse para Ele e o fortalecesse.

Embora eu admire a condescendência que permitiu que um anjo viesse, admiro igualmente o autocontrole que permitiu que apenas um anjo viesse; pois, se assim o desejasse, poderia ter apelado ao Pai que imediatamente teria lhe enviado "mais de doze legiões de anjos" (Mateus 26:53). Não, Ele não fez tal pedido; Ele se alegrou por ter um para fortalecê-lo, mas não quis que houvesse mais dele. Oh, que belezas incomparáveis estão combinadas em nosso bendito Salvador! Vocês podem olhar para este lado do escudo e perceberá que ele é de ouro puro. Então você poderá olhar para o outro lado, e descobrirá que não é feito de latão, como na fábula, pois é totalmente de ouro (1 Reis 14:26-27). Nosso

---

[35] Nos dias de Spurgeon, era prevalecente a crença de que o apóstolo Paulo havia escrito o livro de Hebreus, seguindo uma longa tradição de quase mil anos.

158 O GRANDE EXÉRCITO DE DEUS

Senhor Jesus é "inteiramente precioso" (Cantares 5:16). O que ele faz, ou o que se abstém de fazer, merece igualmente os louvores do seu povo.

Como o anjo poderia fortalecer Cristo? Essa é uma pergunta muito natural; mas é bem possível que, depois de termos respondido a essa questão da melhor forma possível, não lhe tenhamos dado uma resposta completa e satisfatória. Apesar disso, posso conceber que, de alguma maneira misteriosa, um anjo do céu possa ter realmente infundido novo vigor na constituição física de Cristo. Não posso afirmar que certamente foi assim, mas parece-me uma coisa muito provável. Sabemos que Deus pode subitamente comunicar novas forças aos espíritos desfalecidos; e, certamente, se Ele quisesse, poderia assim erguer a cabeça caída de seu Filho e fazê-lo sentir-se forte e firme novamente.

Talvez tenha sido assim; mas, em qualquer caso, deve ter fortalecido o Salvador sentir que estava em companhia de um ser puro. É uma grande alegria para alguém que luta pelo certo, contra uma multidão que ama o errado, encontrar ao seu lado um camarada que ama a verdade como ele próprio a ama. Para uma mente pura, obrigada a ouvir as piadas obscenas dos devassos, não conheço nada que seja mais fortalecedor do que receber um sussurro no ouvido de alguém que diz: "Eu também amo o que é casto e puro, e odeio a conversa suja dos ímpios". Assim, porventura, o simples fato de aquele anjo resplandecente estar ao lado do Salvador, ou curvar-se reverentemente diante dele, pode por si só tê-lo fortalecido.

Ao lado disso, estava a terna compaixão que esse ministério angélico demonstrou. Posso imaginar que todos os santos anjos se debruçaram sobre os baluartes do céu para observar a vida maravilhosa do Salvador; e agora que o veem no jardim e percebem, por sua aparência e agonia desesperada, que a morte se aproxima dele, ficam tão surpresos que anseiam pela permissão para que ao menos um deles leve até Ele o socorro da casa do Pai lá em cima. Posso imaginar os anjos dizendo: "Não cantamos sobre Ele em Belém quando ele nasceu? (Lucas 2:13-14) Alguns de nós não servimos a Ele quando estava no deserto, e entre animais selvagens, faminto depois de sua longa e terrível tentação? (Mateus 4:11) Ele não foi visto pelos anjos durante todo o tempo em que esteve na Terra? Oh, permita que algum de nós vá em seu socorro!". E posso facilmente supor que Deus disse a Gabriel: "Seu nome significa: 'A força de Deus'; vá e fortaleça seu Senhor no Getsêmani", "então, lhe apareceu um anjo do céu, que o fortalecia"; e acho que Ele foi fortalecido, pelo menos em parte, ao observar a compaixão de todas as hostes celestiais por Ele em seu período de tristeza secreta. Ele pode parecer estar sozinho como ser humano; mas, como Senhor e Rei, Ele tinha ao seu lado uma incontável companhia de anjos que esperavam para fazer a sua vontade; e aqui estava um deles, vindo garantir-lhe que Ele não estava sozinho, afinal.

A seguir, sem dúvida, nosso Salvador foi confortado pelo serviço voluntário do anjo. Vocês sabem, queridos irmãos e irmãs, como um pequeno ato de bondade nos alegra quando estamos com o espírito muito deprimido. Se formos desprezados e rejeitados pelas pessoas, se formos abandonados e difamados por aqueles que deveriam ter-nos tratado de forma diferente, mesmo um olhar terno de uma criança ajudará a eliminar a nossa tristeza. Em tempos de solidão, é reconfortante até mesmo ter um cão ao seu lado, lambendo sua mão e mostrando-lhe a gentileza que for possível obter dele. E o nosso bendito Mestre, que sempre apreciou, e ainda aprecia, o menor serviço que lhe foi prestado — pois nem um copo de água fria, dado a um discípulo, em nome de Cristo, perderá a sua recompensa (Mateus 10:42) —, foi animado pela devoção e homenagem do espírito ministrador que veio do céu para fortalecê-lo. Eu me pergunto se o anjo o adorou — acho que ele não poderia fazer menos; e deve ter sido algo especial adorar o Filho de Deus manchado de rubro sangue (Lucas 22:44). Oh, se ao menos um de nós pudesse ter-lhe prestado uma homenagem como essa! O tempo para um ministério especial como esse acabou; no entanto, a minha fé parece trazê-lo de volta

160 O GRANDE EXÉRCITO DE DEUS

aqui, a este momento, como se estivéssemos no Getsêmani. Eu te adoro, bendito Deus eterno — nunca foste mais parecido com Deus do que quando provaste tua humanidade perfeita suando grandes gotas de sangue na terrível fraqueza de tua depressão no jardim da tristeza!

Talvez, também, a presença do anjo tenha confortado e fortalecido o Salvador como uma espécie de antecipação de sua vitória final (Mateus 13:49). O que era esse anjo senão o pioneiro de todas as hostes celestiais que viriam ao seu encontro quando a luta terminasse? Ele foi alguém que, em plena confiança na vitória de seu Senhor, voou antes dos demais para prestar homenagem ao Filho de Deus conquistador, o qual pisaria a velha serpente sob seus pés (Gênesis 3:15). Vocês se lembram de como, quando Jesus nasceu, primeiro apareceu um anjo que começou a falar dele aos pastores: "E, no mesmo instante, apareceu com o anjo uma multidão dos exércitos celestiais, louvando a Deus e dizendo: 'Glória a Deus nas alturas, paz na terra, boa vontade para com os homens!'" (Lucas 2:13-14). O primeiro anjo, por assim dizer, ganhou vantagem sobre seus irmãos e foi diante deles; mas, assim que a maravilhosa notícia foi divulgada pelas ruas do céu, cada anjo resolveu alcançá-lo antes que sua mensagem fosse completada. Então, aqui está novamente um que veio como precursor, para lembrar ao seu Senhor de sua vitória final, e muitos mais vieram depois com as mesmas boas-novas; mas, para o coração do Salvador, a vinda daquele anjo foi um sinal de que Ele levaria cativo o cativeiro (Efésios 4:8); e que miríades de outros espíritos resplandecentes se aglomerariam ao redor dele e clamariam: "Levantai, ó portas, as vossas cabeças; levantai-vos, ó entradas eternas (Salmos 24:9); que o Rei da glória, recém-saído de sua mancha vermelha de sangue vergonhosa, possa entrar em sua herança celestial e eterna!".

Mais uma vez, não é muito provável que este anjo tenha trazido ao Salvador uma mensagem do céu? Os anjos são geralmente mensageiros de Deus, então eles têm algo a comunicar da parte de Deus; e, talvez, este

O Cristo enfraquecido é fortalecido **161**

anjo, curvando-se sobre a forma prostrada do Salvador, sussurrou em seu ouvido: "Tende bom ânimo; tu deves passar por toda essa agonia, mas assim salvarás uma multidão incontável de filhos e filhas dos homens, que amarão e adorarão a ti e a teu Pai para todo o sempre. Ele está contigo neste momento. Embora Ele deva esconder seu rosto de ti, por causa das exigências da justiça para que a expiação seja completa, o coração dele está contigo, e Ele te ama para sempre". Oh, como nosso Senhor Jesus teria ficado animado se palavras como essas foram sussurradas em seus ouvidos!

Agora, para encerrar, vamos tentar extrair algumas lições deste incidente. Amados irmãos e irmãs, talvez nós tenhamos de passar por grandes sofrimentos — certamente, os nossos nunca serão tão grandes quanto os do nosso Divino Mestre, mas é possível que tenhamos de seguir pelas mesmas águas que Ele seguiu. Pois bem, nessas ocasiões, como já disse, recorramos à oração e contentemo-nos em receber conforto da mais humilde instrumentalidade. "Essa é uma observação muito simples", vocês dizem. É muito simples, mas é algo que algumas pessoas precisam lembrar. Vocês se lembram de como Naamã, o sírio, foi curado por causa do comentário de uma garotinha cativa (2Reis 5:1-19); às vezes, grandes santos são encorajados pelas palavras de pessoas muito pequenas. Vocês se lembram de como o Dr. Guthrie,[36] quando estava morrendo, queria "um hino de criança", exatamente como ele era: grande, glorioso, simples homem-criança. Ele disse o que cada um de nós às vezes sentimos que queríamos — um hino infantil, uma canção alegre de criança para nos animar em nossos momentos de desânimo e tristeza.

Há algumas pessoas que parecem não se converter a menos que possam ver algum ministro eminente. Mesmo isso não servirá para alguns

---

[36] Thomas Guthrie (1803 — 1873) foi um teólogo e filantropo escocês. Foi um dos pregadores mais populares de sua época na Escócia e foi associado a muitas formas de filantropia.

162 O grande exército de Deus

deles; eles querem uma revelação especial do céu. Eles não aceitarão um texto da Bíblia — embora eu não consiga conceber nada melhor do que isso. No entanto, Eles pensam que, se pudessem sonhar alguma coisa, ou se pudessem ouvir palavras ditas no frescor da noite por alguma voz estranha no céu, então poderiam se converter. Bem, irmãos e irmãs, se vocês não querem comer as maçãs que crescem nas árvores, não devem esperar que os anjos venham trazê-las para vocês. Temos uma palavra de testemunho mais segura na Bíblia do que em qualquer outro lugar. Se vocês não forem convertidos por essa Palavra, é uma grande pena; e é muito mais que uma pena, é um grande pecado. Se o seu Senhor e Mestre condescendeu em receber conforto de um anjo que Ele mesmo criou, vocês também deveriam estar dispostos a obter conforto do discurso mais fraco da pessoa mais pobre — do menor do povo de Deus que tentasse animar vocês.

Conheci um velho cristão professo que disse a respeito de um jovem ministro: "Não adianta ouvi-lo, pois ele não teve a experiência que eu tive, então como ele pode me instruir ou ajudar?". Ó queridos, tenho conhecido muitos santos velhos que recebem mais conforto de meninos piedosos do que daqueles de sua idade! Deus, de fato, aperfeiçoa o louvor que sai da boca de meninos e de bebês (Mateus 21:16), mas Ele também aperfeiçoa o louvor que sai da boca dos velhos. Embora as crianças expressem um louvor puro, isso não exclui a capacidade de Deus aperfeiçoar o louvor dos velhos. Assim, devemos valorizar todos os mensageiros de Deus, independentemente da idade ou da sabedoria acumulada.

A próxima lição é esta: embora devamos ser gratos pelo menor conforto que seja, nos momentos de maior necessidade, podemos esperar que confortos maiores nos alcancem. Deixe-me lembrá-los de que um anjo apareceu a José quando Herodes buscava matar Cristo (Mateus 2:13). Então, mais tarde, anjos apareceram para Cristo quando o Diabo o estava tentando (Mateus 4:11). E agora, no Getsêmani — quando houve uma

O Cristo enfraquecido é fortalecido 163

manifestação peculiar de maldade diabólica, pois era a hora dos poderes das trevas (Lucas 22:53), quando o Diabo estava solto e fazendo o máximo contra Cristo —, um anjo veio do céu para fortalecê-lo. Então, quando vocês estiverem em suas provações mais pesadas, terão sua maior força. Talvez vocês tenham pouco contato com os anjos até que se envolvam em sérios problemas, e então a promessa será cumprida: "Porque aos seus anjos dará ordem a teu respeito, para te guardarem em todos os teus caminhos. Eles te sustentarão nas suas mãos, para que não tropeces com o teu pé em pedra" (Salmos 91:11-12). Eles estão sempre prontos para serem seus guardiões; mas, no que diz respeito ao fortalecimento espiritual, esses santos espíritos podem ter pouco a ver com alguns de vocês até que vocês fiquem face a face com Apoliom (Apocalipse 9:11) e tenham de travar duras batalhas com o próprio Maligno. Vale a pena passar por lugares difíceis para ter anjos para apoiá-los. Vale a pena ir ao Getsêmani se lá tivermos anjos do céu para nos fortalecer. Portanto, tenham bom ânimo, irmãos, venha o que vier. Quanto mais sombria for a sua experiência, mais resplandecente será o resultado dela. Os discípulos temeram ao entrar na nuvem no monte da Transfiguração; mas ao passarem pelo meio dela, viram Jesus, Moisés e Elias em glória (Mateus 17:1-6). Ó vocês que são os verdadeiros seguidores de Cristo, não temam as nuvens que descem sombriamente sobre vocês, pois vocês verão o brilho por trás delas e o Cristo nelas; e seus espíritos serão abençoados.

Se, porém, vocês não creem em Cristo, sinto genuína tristeza por vocês, pois terão a tristeza sem o conforto, o cálice de amargura sem o anjo, a agonia eterna sem o mensageiro do céu para confortá-lo. Oh, que todos vocês creiam em Jesus! Deus os ajude a fazer isso, pelo amor de Cristo! Amém!

Sermão proferido em 5 de junho de 1881.

9

MAANAIM, OU EXÉRCITO DE ANJOS

*E foi também Jacó o seu caminho, e encontraram-no os anjos
de Deus. E Jacó disse, quando os viu: Este é o exército de
Deus. E chamou o nome daquele lugar Maanaim.*

GÊNESIS 32:1-2

*E sucedeu que, chegando Davi a Maanaim, Sobi, filho de
Naás, de Rabá, dos filhos de Amom, e Maquir, filho de Amiel,
de Lo-Debar, e Barzilai, o gileadita, de Rogelim, tomaram
camas, e bacias, e vasilhas de barro, e trigo, e cevada, e farinha,
e grão torrado, e favas, e lentilhas, também torradas, e mel, e
manteiga, e ovelhas, e queijos de vacas, e os trouxeram a Davi
e ao povo que com ele estava, para comerem, porque disseram:
Este povo no deserto está faminto, e cansado, e sedento [...].*

2SAMUEL 17:27-29

VAMOS até Maanaim e vejamos essas grandes visões. Primeiro,
vamos com Jacó ver os dois acampamentos de anjos e depois com
Davi observar suas tropas de amigos.

166 O GRANDE EXÉRCITO DE DEUS

Jacó terá nossa primeira consideração.

Que experiência diversificada é a do povo de Deus! A peregrinação dele acontece sobre areias movediças; sua tenda está sempre em movimento, e a cena ao seu redor está sempre mudando. Aqui está Jacó, em um momento em que disputa o sustento com Labão, trapaceando para se igualar ao sogro; então ele prospera e decide não permanecer mais em tal servidão; ele foge, é perseguido, discute com seu parente furioso e termina a disputa com uma trégua e um sacrifício (Gênesis 29:1-31; 30-31). Essa indecorosa guerra de família deve ter sido algo muito infeliz para Jacó, de forma alguma contribuindo para elevar seus pensamentos, suavizar seu temperamento ou enobrecer seu espírito. Que mudança aconteceu com ele quando, no dia seguinte, após a partida de Labão, Jacó se viu na presença de anjos. Aqui está uma imagem de um tipo muito diferente: o homem rude se foi e deu lugar aos querubins; o ganancioso capataz virou as costas, e os felizes mensageiros do bendito Deus vieram dar as boas-vindas ao patriarca em seu retorno do exílio. É difícil compreender plenamente a transformação completa.

Tais mudanças ocorrem em todas as vidas; mas, penso eu, acima de tudo na vida dos que creem. Poucas passagens ao longo do oceano da vida estão completamente livres de tempestades, mas os remidos do Senhor podem contar com a possibilidade de serem sacudidos por uma tempestade, mesmo que outros escapem. "Muitas são as aflições do justo" (Salmos 34:19). No entanto, as provações não duram para sempre; o clarão vem depois da chuva. A mudança sempre acontece. Passamos da tempestade à calmaria, da brisa ao furacão: navegamos pelas praias da paz e em seguida somos levados aos bancos de areia do medo. Contudo não devemos ficar surpresos, pois a vida do nosso Senhor e Mestre também não sofreu grandes mudanças? A vida dele não é tão cheia de colinas e vales quanto a nossa pode ser? Lemos sobre Ele ser batizado no Jordão e ali mesmo visitado pelo Espírito, que desceu sobre Ele como uma pomba — então foi momento de descanso. Quem conseguiria anunciar o descanso do espírito de Jesus quando o Pai deu testemunho a respeito dele: "Este é o meu Filho amado"? Mas lemos logo depois: "Então, foi conduzido Jesus pelo Espírito ao deserto, para ser tentado pelo Diabo" (Mateus 3:13-17—4:1). Da descida do Espírito Santo ao terrível conflito com o Diabo é realmente uma mudança! E outra mudança se seguiu, pois quando aquela batalha foi travada e a tríplice tentação atingiu em vão o nosso Senhor, lemos novamente: "Então, o Diabo o deixou; e, eis que chegaram os anjos e o serviram" (Mateus 4:11). Num curto período, o ambiente de nosso Senhor mudou de celestial para diabólico, e novamente de satânico para angelical. Do céu à manjedoura, do andar sobre o mar ao ficar dependurado na cruz, do sepulcro ao trono — quantas mudanças! Podemos esperar construir três tabernáculos e permanecer no monte (Mateus 17:4) quando nosso Senhor foi jogado de um lado para outro?

Amados, vocês certamente descobrirão que o mundo está estabelecido sobre correntezas e, portanto, está sempre em movimento. Nunca conte com a permanência de qualquer alegria: graças a Deus, vocês não precisam temer a continuação de qualquer tristeza. Essas coisas vêm e vão, e vão e vêm; e nós, na medida em que tivermos que viver neste pobre mundo rodopiante, devemos ser levados de um lado para outro como a tenda de um pastor, em vez de encontrarmos uma cidade para habitarmos. Desde a Antiguidade, "foi a tarde e a manhã: o dia primeiro" e "foi a tarde e a manhã: o dia segundo" (Gênesis 1:5, 8) — a alternância de penumbra e claridade, de pôr e nascer do sol, ocorre desde o início. Amanhecer, meio-dia, tarde, noite, escuridão, meia-noite e uma nova manhã sucedem-se em todas as coisas. Assim deve ser: há necessidade de nuvens, chuvas e glórias-da-manhã, "até que o dia amanheça, e fujam as sombras" (Cantares 2:17), quando estaremos preparados para nos aquecer nos raios do meio-dia eterno.

168 O GRANDE EXÉRCITO DE DEUS

No caso diante de nós, vemos Jacó na melhor companhia. Jacó, não enganado na Mesopotâmia, mas honrado em Maanaim; não tentando enganar Labão, mas contemplando os espíritos celestiais. Ele estava cercado por anjos e sabia disso. Seus olhos estavam abertos, de modo que ele via espíritos que por sua própria natureza são invisíveis aos olhos humanos. Ele se tornou um vidente e foi capacitado a contemplar com os olhos da alma os exércitos de seres resplandecentes que Deus enviara ao seu encontro. É um grande privilégio poder conhecer nossos amigos e discernir os exércitos de Deus. Na verdade, somos muito propensos a perceber as nossas dificuldades e a esquecer as nossas ajudas: os nossos aliados estão à nossa volta, mas pensamos que estamos sozinhos. A oposição de Satanás é mais facilmente reconhecida do que o socorro do Senhor. Oh, que nossos olhos e corações estejam abertos para ver como o Senhor é forte em nosso favor.

Jacó acabara de ser liberto de Labão, mas foi oprimido por outro fardo: o pavor de Esaú estava sobre ele. Ele havia enganado seu irmão; e não se pode cometer um erro sem ser assombrado por ele depois. Ele havia tirado uma vantagem mesquinha de Esaú (Gênesis 27), e agora, muitos e muitos anos depois disso, ele estava apreensivo e apavorado por causa de sua consciência. Apesar de ter vivido tanto tempo com Labão, sua consciência estava suficientemente vigorosa para fazê-lo tremer, porque ele estava errado perante seu irmão: se não fosse por isso, ele teria marchado alegremente para a tenda de seu pai. Temendo a ira de seu irmão, ele ficou muito angustiado e perturbado: então os anjos vieram para lhe trazer ânimo, ajudando-o a esquecer as dificuldades ao seu redor, ou a perder o medo delas olhando para cima e vendo qual defesa e socorro do alto o aguardavam. Bastava-lhe clamar a Deus, e os quatrocentos homens de Esaú seriam recebidos por legiões de anjos. Isso não o deixou com ânimo? Todos os cristãos não têm o mesmo a seu dispor? Maior é aquele que é por nós do que todos os que estão contra nós (Romanos 8:31).

Se nesta manhã eu for capacitado pelo Espírito Santo a elevar as mentes do povo provado do Senhor das suas tristezas visíveis para os seus confortos invisíveis, ficarei feliz. Peço-lhes que não pensem exclusivamente no fardo que têm de carregar, mas que se lembrem da força disponível para carregá-lo. Se eu fizer com que o coração temeroso cesse seu pavor e confie no Deus vivo que prometeu guiar seus servos, terei realizado meu desejo. O Senhor dos Exércitos está conosco; o Deus de Jacó é o nosso refúgio (Salmos 46:7) e, portanto, nenhuma arma forjada contra nós prosperará (Isaías 54:17), e até mesmo o próprio arqui-inimigo será esmagado sob nossos pés (Romanos 16:20).

Ao tratar da experiência de Jacó em Maanaim faremos uma série de observações.

Primeiro, Deus tem uma multidão de servos, e todos eles estão do lado dos fiéis. "Muitíssimo grande é o seu [do SENHOR] arraial" (Joel 2:11), e todos os exércitos desse acampamento são nossos aliados. Alguns deles são agentes visíveis, e muitos outros são invisíveis, mas nem por isso deixam de ser reais e poderosos. O grande exército do Senhor dos Exércitos consiste em grande parte de agentes invisíveis, de forças que não são discerníveis exceto em visão ou pelos olhos da fé. Jacó viu dois pelotões dessas forças invisíveis que estão do lado dos seres humanos justos. "Encontraram-no os anjos de Deus", e ele disse: "Este é o exército de Deus. E chamou o nome daquele lugar Maanaim" (dois acampamentos), pois ali um duplo exército de anjos o encontrou.

Sabemos que uma guarda de anjos sempre cerca todo fiel. Os espíritos ministradores estão fora de seu lar, protegendo os príncipes de sangue real. Eles não podem ser discernidos por nenhum dos nossos sentidos, mas são perceptíveis pela fé e tornaram-se perceptíveis em visão pelos antigos santos. Esses bandos de anjos são numerosos; pois Jacó disse: "Este é o exército de Deus". Um exército significa um número considerável, e certamente o exército de Deus não é pequeno. "As carruagens de Deus

170 O GRANDE EXÉRCITO DE DEUS

são vinte mil, milhares de anjos" (Salmos 68:17, KJF). Não sabemos quais legiões estão à disposição do Senhor, apenas lemos sobre "muitos milhares de anjos" (Hebreus 12:22). Olhamos para o exterior do mundo e calculamos o número de pessoas e forças amigas da nossa guerra cristã; mas isto é apenas o que a nossa pobre capacidade ótica pode descobrir: a metade não pode ser-nos contada por tais meios. Pode ser que cada estrela seja um mundo, repleto de servos de Deus, que estão dispostos e prontos para se lançarem como chamas de fogo nas missões de amor do Senhor. Se os escolhidos do Senhor não pudessem ser suficientemente protegidos pelas forças disponíveis em um mundo, bastaria apenas uma ordem dele, e miríades de espíritos das regiões distantes do espaço surgiriam em multidão para proteger os filhos do seu Rei. Assim como as estrelas do céu, incontáveis em seus exércitos são os guerreiros invisíveis de Deus. "Muitíssimo grande é o seu [do SENHOR] arraial". "A Onipotência tem servos em todos os lugares."[37] Esses servos do Deus forte estão todos cheios de poder: entre todos eles não há um que desfaleça, eles correm como seres humanos poderosos e prevalecem como guerreiros. Um exército é composto por valentes, veteranos, soldados, heróis, pessoas aptas para o conflito. As forças de Deus são extremamente fortes: nada pode resistir a elas. Seja qual for a forma que assumam, elas são sempre potentes, mesmo quando o exército de Deus é composto de gafanhotos, locustas e orugas, assim como encontramos no Livro de Joel (Joel 2:25), ninguém pode resistir a eles e nada pode escapar deles. Eles devoraram tudo, cobriram a terra, e até escureceram o Sol e a Lua. Se for esse o caso dos insetos, qual deve ser o poder dos anjos? Sabemos que eles são "magníficos em poder", enquanto "cumprem as suas ordens, obedecendo à voz da sua palavra"

---

[37] Linha do hino Say *Not My Soul From Whence* [Não diga de onde veio, minh'alma] de Thomas T. Lynch (1818-1871), ministro não conformista inglês e compositor de hinos.

Maanaim, ou Exército de Anjos   171

(Salmos 103:20). Alegrem-se, ó filhos de Deus! Existem vastos exércitos ao seu lado, e cada um dos guerreiros está revestido da força de Deus.

Todos esses agentes trabalham em ordem, pois são os exércitos de Deus, e os exércitos são formados por seres que marcham ou voam, conforme a ordem do comando. "Não empurram uns aos outros; cada um segue o seu rumo" (Joel 2:28). Todas as forças da natureza são leais ao seu Senhor. Nenhuma dessas forças poderosas sonha com rebelião. Desde o cometa resplandecente que brilha na face do universo até o ínfimo fragmento de concha que jaz escondido na mais profunda caverna do oceano, toda a matéria se rende à lei suprema que Deus estabeleceu. Nem os agentes inteligentes não caídos se amotinam contra os decretos divinos, mas encontram sua alegria em prestar homenagem amorosa ao seu Deus. Eles são perfeitamente felizes, pois são consagrados; são cheios de alegria, pois estão completamente absortos em fazer a vontade do Altíssimo. Oh, que possamos fazer a vontade de Deus na Terra, assim como ela é feita no céu por todos os seres celestiais!

Observem que nesse grande exército todos foram pontuais ao comando divino. Jacó seguiu seu caminho, e os anjos de Deus o encontraram. Assim que o patriarca se levanta, os exércitos de Deus estão em movimento. Eles não se demoraram até que Jacó cruzasse a fronteira, nem o deixaram esperando quando chegou ao encontro marcado; mas estavam lá no momento certo. Quando Deus pretende libertá-lo, amado, na hora do perigo, você encontrará a força designada pronta para o seu socorro. Os mensageiros de Deus não estão atrasados nem adiantados; eles nos encontrarão no momento e no local exatos da necessidade; portanto, prossigamos sem medo, como Jacó, seguindo nosso caminho, mesmo que todo Esaú com um bando de malfeitores bloqueie a estrada.

Essas forças de Deus também foram pessoalmente encarregadas de ajudar Jacó. Gosto de destacar o seguinte pensamento: "E foi também Jacó ao seu caminho, e encontraram-no os anjos de Deus" (Gênesis 32:1); ele não teve chance de se juntar a eles. Acontece que eles não estavam em marcha e, por acaso, cruzaram o caminho do patriarca; não, não; Jacó seguiu seu caminho, e os anjos de Deus o encontraram com desígnio e propósito. Vieram propositalmente encontrá-lo: não tinham outro compromisso. Esquadrões de anjos marcharam ao encontro daquele homem solitário! Ele era um santo, mas de forma alguma perfeito; mesmo que lancemos uma olhar superficial sobre a vida de Jacó, não podemos deixar de notar as muitas falhas dele. Ainda assim os anjos de Deus foram ao encontro dele. Talvez de manhã cedo, ao se levantar para cuidar de seus rebanhos, ele tenha visto os céus povoados de seres resplandecentes que eclipsavam bastante a aurora. Os céus estavam vívidos com brilhos descendentes, e os anjos vieram sobre ele como uma nuvem resplandecente, descendo, por assim dizer, sobre o patriarca. Eles deslizaram para baixo daqueles portões de pérola, mais famosos que os portões de Tebas. Eles se dividiram para a direita e para a esquerda, formando dois pelotões. Talvez um único bando tenha montado acampamento atrás, como se dissesse: "Tudo está bem na retaguarda, Labão não pode retornar; melhor do que o montão de pedras de Mispá é o exército de Deus" (Gênesis 31:49). Outro esquadrão avançou para a frente a ponto de dizer: "Paz, patriarca, paz com relação a Esaú, o caçador vermelho, e seus homens armados: nós o protegemos na vanguarda". Deve ter sido uma manhã gloriosa para Jacó quando ele viu não uma, mas muitas estrelas da manhã. Se as aparições foram vistas na calada da noite, certamente Jacó deve ter pensado que o dia havia chegado antes da hora. Era como se as constelações se reunissem para a chamada e nuvens de estrelas descessem flutuando das esferas superiores. Todos vieram para servir Jacó, um único homem: "O anjo do Senhor acampa-se ao redor dos que o temem" (Salmos 34:7), mas neste caso foi a um único homem com sua família que um exército foi enviado. Aquele homem, o único que permaneceu em aliança com Deus quando todo o resto do mundo foi entregue aos ídolos, foi favorecido por essa marca

MAANAIM, OU EXÉRCITO DE ANJOS 173

do favor divino. Os anjos de Deus o encontraram. É um deleite pensar que os anjos deveriam estar dispostos, e até mesmo ansiosos, em suas tropas, para encontrar tal homem. Quão vã é aquela humildade voluntária e adoração aos anjos que Paulo condena tão veementemente (Colossenses 2:18). Adorá-los parece algo fora de questão; a verdade está antes no sentido contrário, pois eles nos acompanham em comitiva e nos servem: "não são, porventura, todos eles espíritos ministradores, enviados para servir a favor daqueles que hão de herdar a salvação?" (Hebreus 1:14). Eles servem aos servos de Deus. "Porque a qual dos anjos disse jamais: 'Tu és meu Filho'"? (Hebreus 1:5). Primeiro Ele disse isso ao Unigênito, e depois a todo aquele que crê em Cristo. Nós somos filhos e filhas do Senhor Deus todo-poderoso, e esses ministradores têm um encargo a nosso respeito, como está escrito: "Eles te sustentarão nas suas mãos, para que não tropeces com o teu pé em pedra" (Salmos 91:12).

Mostrei-lhes que os que creem em Cristo estão cercados por uma companhia inumerável de anjos, grandes em multidão, fortes em poder, exatos na ordem, pontuais em sua atenção pessoal aos filhos de Deus. Vocês não estão bem cuidados, ó filhos do Altíssimo? Essas forças, embora invisíveis em si mesmas aos sentidos naturais, manifestam-se à fé em determinados momentos. Há momentos em que o filho de Deus é capaz de gritar como Jacó: "Os anjos de Deus me encontraram". Quando esses momentos ocorrem? Nossos maanains ocorrem quase na mesma época em que Jacó contemplou essa grande visão. Jacó estava entrando em uma vida mais separada. Ele estava deixando Labão e a escola de todas aquelas trapaças nas negociações e no comércio que pertenciam ao mundo ímpio. Ele havia respirado por muito tempo uma atmosfera doentia; ele estava se corrompendo; o herdeiro das promessas estava se tornando um mundano. Ele estava enredado com coisas terrenas. Seus casamentos o seguraram firme no mesmo lugar, e a cada ano ele parecia ficar cada vez mais enraizado nas terras de Labão. Já era hora de ele ser transplantado

174 O GRANDE EXÉRCITO DE DEUS

para um solo melhor. Dessa vez ele está mudando rapidamente, passando a viver em barracas. Veio para peregrinar na terra da promessa, como seus pais fizeram antes dele e agora deveria confessar que estava procurando uma cidade e pretendia ser um peregrino até encontrá-la. Com um golpe desesperado, ele se livrou dos embaraços; mas ao mesmo tempo sentiu-se solitário e à deriva. Sentia falta de todas as associações da antiga casa da Mesopotâmia, que, apesar dos aborrecimentos, era a sua casa. Os anjos vêm parabenizá-lo. A presença deles dizia: "Você veio a esta terra para ser um estrangeiro e peregrino com Deus, como todos os seus pais o foram. Alguns de nós conversamos com Abraão repetidas vezes e agora estamos sorrindo para você. Você se lembra de como nos despedimos de você naquela noite, em Betel, quando uma pedra era o seu travesseiro (Gênesis 28:18)? Agora você voltou à herança reservada, da qual somos colocados como guardiões, e viemos saudá-lo. Assuma sua vida independente sem medo, pois estamos com você. Bem-vindo! Bem-vindo! Estamos felizes em recebê-lo sob nossos cuidados especiais". Então, isto foi verdade para Jacó: "Em verdade vos digo que ninguém há, que tenha deixado casa, ou irmãos, ou irmãs, ou pai, ou mãe, ou mulher, ou filhos, ou campos, por amor de mim e do evangelho, que não receba cem vezes tanto, já neste tempo, em casas, e irmãos, e irmãs, e mães, e filhos, e campos, com perseguições, e, no século futuro, a vida eterna" (Marcos 10:29-30). Essa irmandade de anjos deve ter sido uma compensação admirável pela perda da paternidade de um homem como Labão. Qualquer coisa que perdemos quando deixamos o mundo, e o que é chamado de "sociedade", é abundantemente compensada quando podemos dizer: "chegamos à igreja dos primogênitos, que estão inscritos nos céus, e aos muitos milhares de anjos" (Hebreus 12:22-23).

Repetindo: a razão pela qual os anjos encontraram Jacó naquele momento foi, sem dúvida, porque ele estava cercado de grandes preocupações. Ele tinha uma grande família com filhos pequenos; grandes

Maanaim, ou Exército de Anjos 175

rebanhos e manadas, e muitos servos estavam com ele. Ele mesmo disse: "com meu cajado passei este Jordão e, agora, me tornei em dois bandos" (Gênesis 32:10). Esse foi um enorme fardo de preocupações! Não era fácil para um homem ter a administração de toda aquele grande número de vidas e conduzi-las de maneira errante. No entanto, veja, existem duas comitivas de anjos para equilibrar as duas comitivas de seres frágeis. Se ele tem dois bandos para cuidar, também terá dois bandos para cuidar dele; se tiver dupla responsabilidade, terá dupla assistência. Portanto, irmãos e irmãs, quando vocês estiverem em posições de grande responsabilidade e sentirem o peso pressionando vocês, tenham esperança em Deus de que terão duplo socorro e certifiquem-se de orar para que Maanaim possa ser repetido em sua experiência, para que a sua força seja igual ao seu dia.

De igual modo, o exército do Senhor apareceu quando Jacó sentiu um grande pavor. Seu irmão Esaú vinha ao seu encontro armado até os dentes e, como Jacó temia, sedento de sangue. Nos momentos em que o nosso perigo for maior, se formos pessoas que verdadeiramente creem, estaremos especialmente sob a proteção divina, e saberemos que ela é real. Esse será o nosso conforto na hora da angústia. O que Esaú pode fazer com seus quatrocentos homens agora que os exércitos de Deus armaram suas tendas e se reuniram em seus esquadrões para vigiar entre nós e o inimigo? Não veem vocês os cavalos de fogo e os carros de fogo ao redor do servo escolhido de Deus (2Reis 6:16-17)? Suponho que enquanto via seus protetores, Jacó deve ter sentido calma e tranquilidade em seu coração. Infelizmente, assim que os perdeu de vista, o pobre Jacó ficou novamente deprimido por causa de seu irmão Esaú, com receio de que ele matasse a mãe com os filhos. Tal é a fraqueza dos nossos corações! Contudo, não caiamos no grave pecado da incredulidade. Não ficaremos sem desculpa se fizermos isso? Em tempos de grande angústia, podemos esperar que as forças de Deus se tornem reconhecíveis pela nossa fé e teremos uma noção mais clara do que nunca tivemos antes dos poderes ao nosso lado. Ó Espírito Santo, trabalha em nós a grande clareza da visão espiritual!

E, mais uma vez, quando nós, como Jacó, estivermos perto do Jordão, quando estivermos de passagem para uma terra melhor, então será o momento em que poderemos esperar chegar a Maanaim. Os anjos de Deus e o Deus dos anjos vêm ao encontro dos espíritos dos bem-aventurados na solene questão da morte. Não ouvimos nós mesmos falar de revelações divinas vindas de lábios dos que morriam? Não ouvimos também o testemunho com tanta frequência que não poderia ter sido uma invenção e um engano? Não nos deram muitos entes queridos a garantia de uma revelação gloriosa que nunca viram antes? Não há uma nova visão quando os olhos se fecham? Sim, ó herdeiro da glória, os seres resplandecentes virão ao seu encontro à beira do rio, e você será conduzido à presença do Eterno por aqueles resplandecentes cortesões do céu, que em ambos os lados serão um círculo de companheiros queridos quando a escuridão estiver passando e a glória estiver jorrando sobre você. Tenham bom ânimo: se vocês não veem os exércitos de Deus agora, certamente os verá no futuro, quando o Jordão for alcançado e você o cruzar para a Terra Prometida.

Assim mencionei o momento em que tais forças invisíveis se tornam visíveis para a fé; e não há dúvida de que elas foram enviadas com um propósito. Por que elas foram enviadas a Jacó nesse momento? Talvez o propósito fosse primeiro reviver uma memória antiga que quase lhe escapara. Receio que ele quase tenha esquecido Betel. Certamente isso deve ter trazido à mente o voto que havia feito em Betel, o voto que fez ao Senhor quando viu a escada e os anjos de Deus subindo e descendo sobre ela (Gênesis 28:10-22). Aqui estavam eles: haviam deixado o céu e descido para poderem ter comunhão com ele. Gosto mais do sonho de Betel do que da visão de Maanaim por esta razão: lá ele viu o Deus da aliança no topo da escada; aqui, ele vê apenas anjos. Por outro lado, há uma boa

MAANAIM, OU EXÉRCITO DE ANJOS 177

pérola nessa última visão, pois enquanto em Betel os anjos avistados estavam subindo e descendo, Em Maanaim ele os vê na terra, ao seu lado, prontos para protegê-lo de todos os males. Quão docemente as novas misericórdias refrescam a memória dos favores anteriores, e quão gentilmente a nova graça nos lembra de antigas promessas e dívidas. Irmão, o seu Maanaim não aponta para algum Betel meio esquecido? Julgue por si mesmo. Se nosso glorioso Deus lhe der neste momento uma visão clara de seu poder divino e de sua fidelidade à aliança, oro para que essa visão possa refrescar sua memória a respeito daquele dia feliz em que você conheceu o Senhor pela primeira vez, quando você se entregou a Ele pela primeira vez, e a graça tomou posse de seu espírito.

Maanaim foi concedido a Jacó não apenas para refrescar sua memória, mas para elevá-lo do nível ordinário de sua vida. Jacó, como vocês sabem, o pai de todos os judeus, era um habilidoso vendedor: barganhar fazia parte da natureza dele. Jacó era astuto um pouco mais do que deveria ser e fazia jus ao seu nome de "enganador". Ele não permitia que ninguém o enganasse e estava sempre pronto para tirar vantagem daqueles com quem mantinha relações comerciais. Aqui o Senhor parece dizer-lhe: "Ó Jacó, meu servo, saia desta maneira miserável de lidar comigo e tenha uma mente principesca". Essa deveria ter sido a lição daquela visita angélica, embora não tenha sido bem aprendida. Jacó estava pronto para enviar mensageiros a Esaú e chamá-lo de "Meu senhor Esaú", estava pronto para se curvar e chamar a si mesmo de seu servo e tudo mais. Ele foi além da submissão que a prudência sugere, chegando à sujeição abjeta que nasce do medo. A visão deveria ter levado Jacó a se posicionar em terreno mais elevado. Com bandos de anjos como guarda-costas, ele não tinha necessidade de persistir em sua estratégia temerosa e mesquinha. Ele poderia ter caminhado com a digna confiança de seu avô Abraão. Afinal, há algo melhor nesta vida do que estratégia e planejamento: a fé em Deus é muito maior. Um covarde tramando o mal torna-se o favorito do céu.

178 O GRANDE EXÉRCITO DE DEUS

Por que ele deveria temer quem está protegido além de todo medo? Esaú não pôde enfrentá-lo, pois *Yahweh Sabaoth*, o Senhor dos Exércitos, estava ao seu lado. Oh, que graça viver de acordo com nossa verdadeira posição e caráter, não como pobres dependentes de nossa própria inteligência ou da ajuda humana, mas como grandiosamente independentes das coisas visíveis, porque toda a nossa confiança está fixada no invisível e eterno. Jacó, como mero pastor de ovelhas, tem grandes motivos para temer seu irmão guerreiro, mas como escolhido de Deus e possuidor de uma guarda celestial, ele pode corajosamente viajar como se Esaú não existisse. Todas as coisas são possíveis para Deus (Mateus 19:26). Sejamos, então, corajosos. Não dependamos das coisas que vemos. O ser humano não viverá só de pão, mas de toda Palavra que sai da boca de Deus ele viverá (Mateus 4:4). Maldito aquele que confia no ser humano (Jeremias 17:5). Confie em Deus de todo o seu coração (Provérbios 3:5). Ele é sua ajuda infinita. Faça o certo e desista de planejar. Mergulhe no mar da fé. Creia tanto no invisível quanto no visível e aja de acordo com sua fé. Esse me parece ser o objetivo de Deus ao dar a qualquer um de seus servos uma visão mais lara dos poderes que estão comprometidos com seu favor.

Se uma visão tão especial nos for concedida, vamos mantê-la na memória. Jacó chamou aquele lugar de Maanaim. Gostaria que, neste mundo ocidental e nestes tempos modernos, tivéssemos algum meio de nomear lugares e crianças de forma mais sensata. Precisamos ou tomar emprestado algum nome antiquado, como se faltasse bom senso para criar um para nós mesmos, ou então nossos nomes são pura bobagem e não significam nada. Por que não escolher nomes que comemorem nossas misericórdias? Não seriam nossas casas muito mais interessantes se ao nosso redor víssemos memoriais dos acontecimentos felizes de nossas vidas? Não deveríamos anotar bênçãos notáveis em nossos diários para transmiti-las aos nossos filhos? Não deveríamos dizer aos nossos filhos e filhas: "Naquele dia, Deus ajudou seu pai, menino"; "assim

MAANAIM, OU EXÉRCITO DE ANJOS   179

e assim o Senhor confortou sua mãe, menina"; "Naquela data, Deus foi muito gracioso com a nossa família"? Mantenham registros de sua jornada! Preservem as recordações da família! Acho que é de grande ajuda para alguém saber o que Deus fez por seu pai e por seu avô, pois ele espera que o Deus deles seja também o seu Deus. Jacó teve o cuidado de fazer anotações, pois repetidamente nomeava lugares com base nos fatos que ali eram vistos. Jacó deu o nome a Betel, a Gileade, a Peniel, a Maanaim e a outros lugares, porque ele era um grande nomeador. Nenhum de seus nomes foi esquecido; centenas de anos depois, o bom Rei Davi chegou ao mesmo local que Jacó e o encontrou ainda conhecido como Maanaim, e os servos de Deus de outro tempo também o encontraram nesse mesmo lugar.

Isso me leva ao meu segundo texto; pois os anjos não encontraram Davi, mas criaturas vivas de outra natureza o encontraram, que responderam ao propósito de Davi tão bem quanto os anjos teriam feito. Portanto, apenas por alguns minutos nos deteremos naquele segundo evento que caracterizou Maanaim. Abra no Segundo Livro de Samuel, capítulo dezessete, versículo vinte e sete. Davi veio para Maanaim e lá foi recebido por muitos amigos. Ele permaneceu no local sagrado, acompanhado por um punhado de amigos fiéis, fugitivos como ele. Aparentemente não houve ali um anjo sequer naquele dia, mas secretamente havia milhares deles voando ao redor do triste rei. Quem é esse que vem? Não é um anjo, mas o velho Barzilai. Quem é? É Maquir de Lo-Debar. Eles trazem consigo mel, milho, manteiga, ovelhas, grandes bacias para banhos, utensílios de cozinha e vasos de barro para guardar a comida; e vejam, também há camas, pois o pobre rei não tem um leito para se deitar. Esses não são anjos, mas estão fazendo o que os anjos não poderiam ter feito, pois o próprio Gabriel dificilmente poderia ter trazido uma cama ou uma bacia.

Quem é aquele amigo proeminente ali? Ele fala como um estrangeiro, pois é um amonita. Qual é o nome dele? Sobi, filho de Naás, de

180 O GRANDE EXÉRCITO DE DEUS

Rabá, dos filhos de Amom. Já ouvi falar dessas pessoas: eles eram inimigos, não eram? Inimigos cruéis de Israel? Aquele homem, Naás, vocês se lembram do nome dele; este é um de seus filhos. Sim! Deus pode transformar inimigos em amigos quando seus servos necessitam de socorro. Aqueles que pertencem a um povo que se opõe a Israel podem, se Deus quiser, tornar-se seus ajudadores. O Senhor encontrou um defensor para seu Filho Jesus na casa de Pilatos — a esposa do governador sofreu muitas coisas em um sonho por causa dele (Mateus 27:19). Deus pode encontrar um amigo para seus servos na própria família de seu perseguidor, assim como levantou Obadias para esconder os profetas e os alimentar em uma caverna: o próprio intendente de Acabe era o protetor dos santos, e com o alimento da mesa de Acabe eles eram alimentados (2Reis 18:3). Ocorre-me que Sobi, o amonita, veio até Davi porque lhe devia a vida. Rabá de Amom fora destruída, e esse homem, provavelmente o irmão do rei, foi poupado: ele se lembrou desse ato de misericórdia, e quando encontrou Davi em apuros, agiu com gratidão e desceu de sua casa nas montanhas com seus homens e com seus recursos. Muitas pessoas boas encontraram ajuda graciosa em momentos de necessidade daqueles que receberam a salvação por seus meios. Se formos uma bênção para os outros, eles serão uma bênção para nós. Se trouxermos alguém a Cristo, e eles encontrarem o Salvador por meio de nossos ensinamentos, existirá um vínculo peculiar entre nós, e eles serão nossos ajudadores. Sobi, de Rabá, dos filhos de Amom, certamente será generoso com Davi, porque dirá: "É por causa dele que vivo; foi por meio dele que encontrei a salvação da morte". Se Deus os abençoar na conversão de alguém, pode ser que Ele o levante em seu momento de necessidade e o envie para ajudar vocês: de qualquer forma, seja por amigos visíveis ou invisíveis, Ele fará com que vocês habitem na terra, e verdadeiramente vocês serão alimentados. Aí vem outra pessoa de quem já ouvimos falar, Maquir de Lo-Debar. Esse é o grande proprietário de terras que cuidou de Mefibosete (2Samuel 9:1-6). Ele parece ter sido um homem verdadeiramente leal, que se apegou às famílias reais, mesmo quando a sorte delas era adversa. Assim como ele foi fiel à casa de Saul, ele também o foi a Davi. Temos entre nós irmãos que são sempre amigos dos ministros de Deus: eles os amam por causa de seu Mestre e se lhes são leais quando os espíritos mais inconstantes perseguem recém-chegados. Felizes estamos por ter muitos desses leais aqui. Ajudaram o antecessor do pastor; gostam de falar do grande e velho homem que governou Israel nos tempos antigos, e não se cansam disso, mas são os anfitriões do atual líder e são igualmente calorosos em sua ajuda. Deus busca esses irmãos no momento em que são necessários, e eles aparecem com as mãos cheias.

Aí vem Barzilai, um idoso de oitenta anos e, como nos diz o historiador, "homem mui rico" (2Samuel 19:32). Sua enorme riqueza estava toda à disposição de Davi e seus seguidores, e "ele tinha sustentado o rei, quando tinha a sua morada em Maanaim". Esse nobre idoso foi certamente tão útil para Davi como os anjos o foram para Jacó, e ele e os seus assistentes eram verdadeiramente parte das forças de Deus. Os exércitos de Deus são variados: Ele não tem apenas uma tropa, mas muitas. Os servos de Eliseu não viram a montanha cheia de cavalos e carros de fogo? Os exércitos de Deus são de regimentos variados, aparecendo como cavalos e infantaria, querubins e serafins, bem como homens e mulheres santos. Aqueles que são da igreja de Deus aqui embaixo fazem parte do exército de Deus tanto quanto os anjos mais santos lá em cima. Mulheres piedosas que servem ao Senhor fazem o que podem, e os anjos não podem fazer mais do que isso.

Naquela ocasião, Maanaim mereceu bem o seu nome, porque a ajuda oferecida a Davi por essas diferentes pessoas veio de uma forma muito nobre, como se viesse de anjos. Os ajudantes de Davi mostraram-lhe a sua fidelidade. Ele fora expulso de seu palácio e provavelmente seria destronado; mas eles o apoiaram e provaram que pretendiam permanecer ao

182 O GRANDE EXÉRCITO DE DEUS

lado dele. A declaração deles foi, com efeito: "Nós somos teus, ó Davi! E contigo estamos, ó filho de Jessé!" (1Crônicas 12:18). Agora era seu momento de necessidade, e agora ele iria ver que eles não eram amigos de conveniência; mas tais foram verdadeiros na hora da provação. Vejam a generosidade deles! Que quantidade de bens eles trouxeram para sustentar as tropas de Davi no dia em que estavam com fome e sede. Não preciso lhes dar detalhes; os versículos parecem uma lista de pedidos de suprimentos de um exército. Todas as formas de provisão realmente necessárias estão presentes. A doação foi espontânea! Davi não a exigiu: eles trouxeram antes que ele pedisse qualquer coisa. Ele não teve de enviar seus oficiais para arrecadar dinheiro nas aldeias e fazendas afastadas; mas havia pessoas boas com todos os tipos de provisões. A consideração deles também foi grande, pois parecem ter pensado em tudo o que era necessário e, além disso, disseram: "Este povo no deserto está faminto, e cansado, e sedento" (2Samuel 17:29). A sinceridade de tudo isso é muito encantadora. Eles trouxeram suas contribuições com alegria e de coração, caso contrário, teriam trazido dádivas escassas e com menos variedade.

Deduzo disso que, se em algum momento um servo de Deus estiver avançando na obra de seu Mestre e precisar de qualquer tipo de assistência, ele não precisará se preocupar, mas descansar no Senhor, pois socorro e ajuda certamente virão, se não dos anjos acima, então da igreja abaixo. Vocês olharão para Cantares de Salomão, capítulo sexto e versículo décimo terceiro: "Volta, volta, ó sulamita, volta, volta, para que nós te vejamos. Por que olhas para a sulamita como para as fileiras de dois exércitos?", ou *Maanaim*; pois é literalmente assim que está no hebraico. Na igreja de Deus, então, vemos a companhia de Maanaim: os santos são os anjos de Deus na Terra, assim como os anjos são seus exércitos no céu. Deus os enviará em suas missões para confortar e sustentar seus servos em momentos de necessidade. Vá em frente, ó Davi, a pedido de seu Senhor,

MAANAIM, OU EXÉRCITO DE ANJOS **183**

pois seus servos escolhidos aqui embaixo considerarão seu prazer ser seus aliados, e você dirá deles: "Este é o exército de Deus!".

E agora, para encerrar: embora eu tenha mostrado a vocês os agentes invisíveis de Deus e os agentes visíveis de Deus, quero lembrar-lhes que em qualquer um dos casos, e em ambos, o exército é o exército de Deus, isto é, a verdadeira força e segurança do cristão é seu Deus. Não confiamos na ajuda dos anjos; não confiamos na igreja de Deus, nem em dez mil Igrejas de Deus reunidas, caso existissem, mas somente no próprio Deus. Oh, é maravilhoso pendurar-se no braço nu de Deus; pois ali estão todos os mundos. O braço eterno nunca se cansa, nem aqueles que nele repousam serão confundidos. "Confiai vós no SENHOR eternamente, porquanto o SENHOR DEUS é a força eterna" (Isaías 24:6). Eu disse a vocês na noite de quinta-feira que a fé nada mais era do que bom senso santificado; e tenho certeza de que é assim. É a coisa mais sensata do mundo confiar em pessoas confiáveis, a coisa mais razoável do mundo é incluir em seus planos o maior poder do mundo, que é Deus, e colocar sua confiança nesse maior poder. Sim, e ainda mais, visto que esse maior poder compreende todos os outros poderes — pois não há poder nos anjos ou nos seres humanos, exceto aquele que Deus lhes dá: é sábio colocar toda a nossa confiança somente em Deus.

A presença de Deus entre aqueles que creem é mais certa e constante do que a presença de anjos ou pessoas santas. Deus disse: "Certamente eu serei contigo" (Êxodo 3:12). Ele disse novamente: "Não te deixarei, nem te desampararei" (Deuteronômio 31:6). Quando vocês estão empenhados no serviço de Cristo, vocês têm uma promessa especial para sustentá--los: "Ide por todo o mundo, pregai o evangelho a toda criatura" (Marcos 16:15); "e eis que eu estou convosco todos os dias, até à consumação dos séculos" (Mateus 28:20). Do que vocês têm medo, então? Saiam, medrosos! Que os corações fracos sejam fortalecidos. O que pode nos surpreender? "Deus está conosco" (Salmos 46:7). Já houve um grito de guerra maior do que o nosso: "O Senhor dos Exércitos está conosco!"? Bendito foi John Wesley[38] por viver pela fé e depois morrer dizendo: "O melhor de tudo é que Deus está conosco". Recuar? Virar as costas no dia da batalha? Que vergonha! Vocês não podem fazer isso se Deus estiver com vocês, pois "se Deus é por nós, quem será contra nós?" (Romanos 8:31), ou se estiverem contra nós, quem poderá resistir por uma hora?

Se, então, Deus se agrada em nos conceder ajuda por causas secundárias, como sabemos que Ele faz — pois para muitos de nós Ele envia muitos e muitos amigos para ajudar em sua boa obra —, então devemos ter o cuidado de ver Deus nesses amigos e ajudantes. Caso não tenham ajudantes, vejam todos os ajudantes em Deus; caso tenham muitos ajudantes, então vejam Deus em todos eles. Nisto está a sabedoria: quando não se tem nada além de Deus, veja tudo em Deus; quando se tem tudo, então veja Deus em tudo. Sob todas as condições, mantenham seus corações somente no Senhor. Que o Espírito de Deus nos ensine como fazer isso. Temos uma forte tendência à idolatria. Se alguém se curva para adorar um pedaço de madeira ou pedra, nós o chamamos de idólatra; e de fato o é o é, sim: mas se nós confiamos em nossos semelhantes em vez de em Deus, isso também é idolatria. Se lhes dermos a confiança que pertence a Deus, nós os adoraremos em vez de adorarmos a Deus. Lembrem-se de como Paulo afirmou não ter buscado conselho na carne e no sangue (Gálatas 1:16); infelizmente, muitos de nós fomos apanhados nessa armadilha. Consultamos muito mais carne e sangue do que o Senhor. A pior pessoa com quem já me consultei é sempre aquela que está mais próxima de mim. Que o Senhor me livre dessa pessoa má: eu mesmo. A presença do Senhor Jesus é a estrela da nossa noite e o Sol do nosso dia, a cura da

---

[38] John Wesley (1703-1791) foi um clérigo anglicano, teólogo e evangelista inglês, líder de um movimento avivalista dentro da Igreja Anglicana chamado de metodismo, que deu origem às Igrejas Metodistas.

preocupação, a força do serviço e o conforto da tristeza. O céu na terra é por Cristo estar conosco, e o céu nas alturas é estar com Cristo.

Não posso pedir nada melhor para vocês, irmãos, do que Deus estar com vocês de uma maneira muito evidente e manifesta durante todo este dia e até que os dias terminem no dia eterno. Não peço que vocês vejam anjos: ainda assim, se puderem, que assim seja. E o que é, afinal, ver um anjo? Não é o fato da presença de Deus melhor do que a visão da melhor de suas criaturas? Talvez o Senhor tenha favorecido Jacó com a visão dos anjos porque ele era uma criatura tão pobre e fraca quanto à sua fé; porventura, se ele tivesse sido perfeito em sua fé, não precisaria ver anjos. Ele teria dito: "Não preciso da visão de espíritos celestiais, pois vejo o próprio Deus". O que são anjos? Eles são apenas mensageiros de Deus a serviço dele; ver o próprio Deus é muito melhor. Os anjos de Deus não devem ser comparados ao Deus dos anjos. Se minha confiança está nele, crendo que Ele é meu Pai, que Jesus Cristo se tornou irmão de minha alma e que o Espírito Santo habita em mim de acordo com sua própria Palavra, o que me importa, ainda que nenhuma visão do sobrenatural jamais alegre meus olhos? Bem-aventurados os que não viram e ainda creram (João 20:29). "Andamos por fé e não por vista" (2Coríntios 5:7), e nessa fé alegre descansamos, esperando que no tempo e na eternidade o poder de Deus estará conosco, seja visível ou invisivelmente, por seres humanos ou por anjos. Seu braço estará levantado por nós, e seu braço direito nos defenderá.

Meu coração está feliz, pois eu também tive meu Maanaim, e nesta hora de necessidade da obra do Senhor para a qual Ele me chamou, vejo as janelas do céu abertas acima de mim e vejo tropas de amigos ao meu redor. Para que o Orfanato[39] seja iniciado tão logo, vejo a Providência se movendo. Dois acampamentos também estão ao meu redor, e, por isso eu

---

[39] O Orfanato Stockwell foi fundado em 1867 por Spurgeon.

186 O GRANDE EXÉRCITO DE DEUS

prego para vocês hoje aquilo que vi e conheci. Que o Anjo da Aliança esteja sempre com vocês. Amém!

SERMÃO PROFERIDO EM 20 DE JUNHO DE 1880.

10

A AFINIDADE DOS DOIS MUNDOS

Há alegria diante dos anjos de Deus por
um pecador que se arrepende.

Lucas 15:10

O CORAÇÃO humano nunca é grande o suficiente para conter nem as suas alegrias nem as suas tristezas. Vocês nunca ouviram falar de alguém cujo coração estivesse literalmente cheio de tristeza; pois assim que está cheio, transborda. A primeira propensão da alma é contar a outra pessoa sua tristeza. A razão é que nosso coração não é grande o suficiente para conter nossa dor; e precisamos ter outro coração para receber uma porção dela. O mesmo acontece com a nossa alegria: quando o coração está cheio de alegria, ele sempre permite que sua alegria escape. É como uma fonte em praça pública: sempre que está cheia, jorra em abundância, e assim que para de transbordar, você pode ter certeza de que deixou de estar cheia. O único coração cheio é o coração transbordante. Você sabe disso, amado; você provou que é verdade; pois quando sua alma está cheia de alegria, você primeiro reuniu seus próprios

188 O grande exército de Deus

parentes e amigos e comunicou a eles a causa de sua alegria; e quando esses vasos ficaram cheios até a borda, vocês ficaram como a mulher que pegou emprestados vasos vazios de seus vizinhos (2Reis 4:1-7), pois pediu a cada um deles que se tornasse participante de sua alegria; e quando os corações de todos os seus vizinhos foram cheios, vocês sentiram como se eles não fossem grandes o suficiente, e o mundo inteiro foi chamado a se juntar ao seu cantar: vocês pediram ao oceano insondável que bebesse em sua alegria; vocês falaram com as árvores e pediram-lhes que batessem palmas, enquanto as montanhas e colinas eram chamadas por vocês para começarem a cantar; as próprias estrelas do céu pareciam olhar para vocês, e vocês pediram que cantassem, e todo o mundo estava repleto de música por causa da música que estava em seu coração. E, afinal, o que é o ser humano senão o grande músico do mundo? O universo é um grande órgão com tubos poderosos. O espaço, o tempo, a eternidade são como as gargantas desse grande instrumento; e o ser humano, uma pequena criatura, coloca os dedos nas teclas e desperta o universo com trovões de harmonia, agitando toda a criação com as mais poderosas aclamações de louvor. Não sabem vocês que o ser humano é o sumo sacerdote de Deus no universo? Todas as outras coisas são apenas sacrifícios; mas ele é o sacerdote, carregando no coração o fogo, e na mão a lenha, e na boca a espada de dois gumes da dedicação, com a qual oferece todas as coisas a Deus.

Contudo, não tenho dúvidas, amados, de que às vezes nos ocorre o pensamento de que o louvor não vai longe o suficiente. Parece que vivemos numa ilha isolada do continente. Este mundo, como um belo planeta, nada em um mar de éter não navegado por navios mortais. Às vezes pensamos que nosso louvor certamente está confinado às praias deste pobre e estreito mundo, que é impossível para nós puxarmos as cordas que poderiam tocar os sinos do céu, que não poderíamos de forma alguma estender nossas mãos tão alto quanto para varrer os acordes celestiais das harpas angélicas. Dissemos a nós mesmos que não há conexão entre a

Terra e o céu. Uma enorme parede negra nos divide. Um estreito de águas não navegáveis nos excluem. Nossas orações não podem alcançar o céu, nem nossos louvores podem alcançar os seres celestiais. Aprendamos com nosso texto o quanto estamos enganados. Afinal, por mais que pareçamos excluídos do céu e do grande universo, somos apenas uma província do vasto império unido de Deus, e o que é feito na Terra é conhecido no céu; o que é cantado na Terra é cantado no céu; e é verdade que as lágrimas da Terra são choradas novamente no Paraíso, e as tristezas da humanidade são sentidas novamente, mesmo no trono do Altíssimo.

O texto nos diz: "Há alegria diante dos anjos de Deus por um pecador que se arrepende". Parece que ele me mostrou uma ponte pela qual eu poderia atravessar para a eternidade. Ele apresenta para mim, por assim dizer, certos fios magnéticos que transmitem a inteligência do que é feito aqui para espíritos angélicos em outro mundo. Ensina-me que existe uma conexão real e maravilhosa entre este mundo inferior e aquele que está além dos céus, onde Deus habita, na terra dos felizes.

Falaremos um pouco sobre esse assunto esta manhã. Minha primeira preocupação será a afinidade do mundo acima com o mundo abaixo; a segunda, o julgamento dos anjos — eles se alegram com os pecadores arrependidos; veremos qual é a base deles para agir assim. A terceira será uma lição para os santos: se os anjos no céu se alegram com os pecadores arrependidos, nós também deveríamos.

I

Em primeiro lugar, nosso texto nos ensina *a afinidade dos dois mundos.* Não imagine, ó filho do homem, que você está cortado do céu: pois há uma escada, cujo topo repousa ao pé do trono do Todo-poderoso, cuja base está fixada no lugar mais baixo da miséria do ser humano (Gênesis 28:12-13)! Não pense que existe um grande abismo entre você e o Pai

190 O grande exército de Deus

que a misericórdia dele não possa superar nem pense que suas orações e sua fé nunca poderão transpô-lo. Oh, não pense, filho do homem, que você mora em uma ilha cercada por tempestades, isolada do continente da eternidade. Eu lhe imploro: creia que existe uma ponte sobre esse abismo, uma estrada pela qual os pés podem viajar. Este mundo não está separado, pois toda a criação forma um único corpo. E entenda, ó filho do homem, que embora neste mundo você habite uma parte que equivale aos pés, ainda assim, dos pés até a cabeça, existem nervos e veias que unem o todo. O mesmo grande coração que bate no céu bate na Terra. O amor do Pai Eterno que alegra o celestial, alegra também o terreno. Tenha certeza de que embora a glória do celestial seja uma e a glória do terreno seja outra, ainda assim elas são distintas apenas na aparência, pois afinal, são a mesma. Oh! Interesse-se, filho do homem, e logo aprenderá que você não é um estranho em uma terra estranha — um José sem-teto na terra do Egito, exilado de seu Pai e de seus irmão, que ainda permanecem no feliz paraíso de Canaã (Gênesis 37—47). Não! Seu Pai ainda ama você. Existe uma conexão entre você e Ele. É estranho que, embora existam quilômetros de distância entre a criatura finita e o Criador infinito, ainda assim existam elos que nos unem! Quando uma lágrima é derramada por você, não pense que seu Pai não a vê, pois: "Como um pai se compadece de seus filhos, assim o Senhor se compadece daqueles que o temem" (Salmos 103:13). O seu suspiro é capaz de comover o coração do Senhor; seu sussurro pode inclinar o ouvido dele para você; sua oração pode deter as mãos dele; sua fé pode mover o braço dele. Oh! Não pense que Deus está sentado no alto em um sono eterno, sem levar você em conta. "Pode uma mulher esquecer-se tanto do filho que cria, que se não compadeça dele, do filho do seu ventre? Mas, ainda que esta se esquecesse, eu, todavia, me não esquecerei de ti" (Isaías 49:15). Gravado na mão do Pai o seu nome permanece (Isaías 49:16); e no coração dele está registrada a sua pessoa. Ele pensou em você antes que os mundos fossem criados; antes que os

A AFINIDADE DOS DOIS MUNDOS **191**

canais do mar fossem escavados, ou que as montanhas gigantescas erguessem suas cabeças nas nuvens brancas, Ele pensou em você. Ele ainda pensa em você. "Eu, o Senhor, a guardo e, a cada momento, a regarei; para que ninguém lhe faça dano, de noite e de dia a guardarei" (Isaías 27:2). "Porque os olhos do Senhor passam por toda a Terra, para mostrar-se forte para com todos os que o temem" (2Crônicas 16:9). Você não está separado dele. Você se move nele; nele você vive e tem o seu ser (Atos 17:28). "[Deus é] socorro bem presente na angústia" (Salmos 46:1).

Lembre-se, novamente, ó herdeiro da imortalidade, que você não está apenas ligado à Divindade, mas há outro no céu com quem você tem uma ligação estranha, mas próxima. No centro do trono está sentado alguém que é seu irmão (Atos 2:33), ligado a você por sangue. O Filho de Deus, eterno, igual ao seu Pai, tornou-se na plenitude dos tempos o Filho de Maria (Gálatas 4:4), uma criança de um palmo de comprimento. Ele era, na verdade ainda é, osso dos seus ossos e carne da sua carne. Não pense que você está isolado do mundo celestial enquanto Ele estiver lá; afinal, Ele não é a sua cabeça (Efésios 5:23), e Ele mesmo não declarou que você é membro do corpo, da carne e dos ossos dele? Ó caro, você não está separado do céu enquanto Jesus lhe diz:

> Sinto no meu coração todos os teus suspiros e gemidos,
> Pois você está mais perto de mim, minha carne e meus ossos,
> Em todas as suas angústias, sua Cabeça sente a dor,
> Todas elas são muito necessárias, nenhuma é em vão.

Ó pobre e desconsolado lamentador, Cristo se lembra de você a cada hora. Seus suspiros são os suspiros dele; seus gemidos são os gemidos dele; suas orações são as dele:

> Ele, em sua medida, realmente sente,
> O que cada membro carrega.

192 O grande exército de Deus

Ele é crucificado quando você é crucificado; Ele morre quando você morre; você vive nele, e Ele vive em você, e porque Ele vive, você também viverá: você ressuscitará nele e se sentará juntamente com Ele nos lugares celestiais (Efésios 2:6). Oh, nunca o marido esteve mais perto de sua esposa, e nunca a cabeça mais perto dos membros, e nunca a alma mais perto do corpo desta carne, do que Cristo está de você, e ao passo que isso é assim, não pense que o céu e a Terra estão separados. São apenas mundos afins; dois navios atracados perto um do outro, e uma pequena prancha da morte lhe permitirá passar de um para o outro: este navio, todo preto e cheio de carvão, tendo feito o comércio costeiro, o negócio empoeirado de hoje, e estando cheio da escuridão da tristeza; e aquele navio todo dourado, com seu pendão pintado voando e sua vela toda aberta, branca como a penugem de um pássaro marinho, bela como a asa de um anjo — eu lhe digo, caro: o navio do céu está atracado lado a lado com o navio da Terra, e por mais que este navio possa balançar, e por mais que cambaleie em ventos tempestuosos e tempestades, ainda assim o navio invisível e dourado do céu navega ao seu lado nunca partido em dois, nunca dividido, sempre pronto, para que quando chegar a hora você possa saltar do navio negro e escuro e pisar no convés dourado daquele navio três vezes feliz, no qual você navegará para sempre.

Ó servo de Deus, existem, porém, outros elos de ouro além deste que ligam o presente ao futuro, e o tempo à eternidade. E o que são o tempo e a eternidade, afinal, para o que crê, senão gêmeos siameses, que nunca mais se separarão? Esta terra é o céu abaixo, o próximo mundo é apenas um céu acima; é a mesma casa — este é o cômodo de baixo, e aquele o de cima, mas o mesmo telhado cobre ambos os cômodos, e o mesmo orvalho cai sobre cada um. Lembre-se, amado, de que os espíritos dos justos aperfeiçoados (Hebreus 12:23) nunca estão longe de você e de mim se amamos Jesus. Todos aqueles que passaram pelo rio caudaloso ainda têm comunhão conosco. Por isso cantamos:

A AFINIDADE DOS DOIS MUNDOS **193**

> Os santos na terra, e todos os que mortos estão,
> Possuem todos apenas uma comunhão;
> Todos se unem em Cristo, o Cabeça vivo,
> E de sua graça participam.

Temos apenas um Chefe para a igreja triunfante e para a igreja militante:[40]

> Um único exército do Deus vivo,
> Ao seu comando nos curvamos;
> Parte do exército já atravessou o rio caudaloso,
> E parte está agora atravessando.

O apóstolo Paulo não nos diz que os santos lá em cima são uma nuvem de testemunhas? Depois de ter mencionado Abraão, Isaque, Jacó, Gideão, Baraque, e Jefté, ele não disse: "Portanto, também nós, visto que temos a rodear-nos tão grande nuvem de *testemunhas* [...]" (Hebreus 12:1)? Eis que estamos correndo pelas planícies, e os glorificados estão olhando para nós. Os olhos de sua mãe seguem você, meu jovem; os olhos de um pai estão olhando para você, minha jovem. Os olhos da minha piedosa avó, há muito glorificada, não duvido, repousam sobre mim perpetuamente. Sem dúvida, no céu falam frequentemente de nós. Parece-me que eles às vezes visitam esta pobre Terra — eles nunca saem do céu, é verdade, pois o céu está em toda parte para eles. Este mundo é para eles apenas um canto do céu de Deus, um caramanchão sombrio do Paraíso.

Os santos do Deus vivo estão, não duvido, muito próximos de nós quando pensamos estarem muito distantes. De qualquer forma, eles ainda

---

[40] A igreja triunfante é o nome que se dá em teologia àqueles cristãos mortos que já estão no céu; a igreja militante são os cristãos que ainda estão vivos.

194 O GRANDE EXÉRCITO DE DEUS

se lembram de nós, ainda nos procuram; pois isto está sempre em seus corações: a verdade de que eles, sem nós, não podem ser aperfeiçoados. Eles não podem ser uma igreja perfeita até que todos estejam reunidos e, portanto, anseiam pelo nosso aparecimento.

Agora, vamos chegar ao nosso texto um pouco mais minuciosamente. Isso nos garante que os anjos têm comunhão conosco. Espíritos resplandecentes, filhos primogênitos de Deus, vocês pensam em mim? Ó querubins grandes e poderosos; serafins flamejantes alados como relâmpagos, vocês pensam em nós? Gigantesca é a sua estatura. Nosso poeta nos diz que o cetro de um anjo poderia servir de mastro para algum alto almirante;[41] e sem dúvida, ele estava certo quando disse isso. Os anjos de Deus são criaturas poderosas e fortes, cumprindo suas ordens, dando ouvidos à sua Palavra — e eles prestam atenção em nós? Deixe a Escritura responder: "Não são, porventura, todos eles espíritos ministradores, enviados para servir a favor daqueles que hão de herdar a salvação?" (Hebreus 1:14). "O anjo do SENHOR acampa-se ao redor dos que o temem, e os livra" (Salmos 34:7). "Eles te sustentarão nas suas mãos, para que não tropeces com o teu pé em pedra" (Salmos 91:12). Sim, os anjos mais resplandecentes são apenas os servos dos santos; eles são nossos lacaios e serviçais. Eles nos servem; são as tropas da nossa guarda pessoal; e poderíamos, se nossos olhos fossem abertos, ver o que Eliseu viu: cavalos de fogo e carros de fogo ao nosso redor, para que digamos com alegria: "Mais são os que estão conosco do que os que estão com eles" (2Reis 6:15-16).

Nosso texto nos diz que os anjos de Deus se alegram pelos pecadores arrependidos. Como é isso? Eles estão sempre tão felizes quanto podem; como eles podem ser mais felizes? O texto não diz que eles sejam mais felizes; mas talvez que demonstrem mais sua felicidade. Uma pessoa pode ter um sábado, um dia de descanso, todos os dias, como deveria ter se

---

[41] Trecho do poema épico *Paradise Lost* [*Paraíso perdido*] do século 17, de John Milton (1608-1674), poeta, polemista, intelectual inglês.

A AFINIDADE DOS DOIS MUNDOS **195**

fosse cristão, e ainda assim, no primeiro dia da semana, ela deixará seu sábado aparecer claramente; pois então o mundo verá que ela descansa. "O de coração alegre tem um banquete contínuo" (Provérbios 15:5), mas mesmo o coração alegre tem alguns dias especiais em que se banqueteia bem. Para os glorificados, todo dia é um sábado, mas de alguns pode--se dizer: "pois aquele sábado era um grande dia" (João 15:31). Há dias em que os anjos cantam mais alto do que o normal; eles estão sempre entoando bem o louvor a Deus, mas às vezes as hostes reunidas que têm voado pelo universo voltam para sua sede; e ao redor do trono de Deus, em fileiras cerradas, organizadas não para a batalha, mas para a música, em certos dias determinados e específicos, elas cantam louvores ao Filho de Deus, que "nos amou e se entregou a si mesmo por nós" (Efésios 5:2). E vocês me perguntam quando esses dias acontecem? Eu lhes digo: o dia do nascimento de todo cristão é um dia de soneto no céu. Há dias de Natal no Paraíso, onde a missa solene de Cristo é celebrada, e Cristo é glorificado não porque nasceu numa manjedoura, mas porque nasceu em um coração quebrantado. Há dias bons no céu: dias de soneto, dias memoráveis, de adoração transbordante. E esses são dias em que o pastor traz para casa a ovelha perdida nos ombros (Lucas 15:4-7), quando a igreja varre sua casa e encontra a dracma perdida (Lucas 15:8-9); pois então esses amigos e vizinhos são reunidos e se regozijam com alegria indescritível e glória transbordante por um pecador que se arrepende.

Assim, espero, mostrei-lhes que existe uma conexão maior entre a Terra e o céu do que qualquer um de nós sonhou. E agora, que nenhum de nós pense, quando olhamos para o céu azul, que estamos longe do céu; ele está a uma pequena distância de nós. Quando chegar o dia, iremos rapidamente para lá, mesmo sem cavalos e carruagens de fogo (2Reis 2:11). Balaão disse que a via muito longe (Número 24:17); porém, nós entendemos melhor as coisas — é uma terra que está muito próxima. Mesmo agora,

196 O grande exército de Deus

> Pela fé juntamos nossas mãos
> Com aqueles que antes foram.
> E cumprimentamos as bandas salpicadas de sangue
> Lá na costa eterna.

Salvem, espíritos resplandecentes! Agora eu os vejo. Salvem, anjos! Salvem, irmãos redimidos! Mais algumas horas, ou dias, ou meses, e nos juntaremos à sua multidão feliz; até lá, sua alegre comunhão e sua doce compaixão serão sempre nosso conforto e nosso consolo — e tendo resistido a todas as tempestades da vida, finalmente ancoraremos com vocês no porto da paz eterna.

II

Diz-se que os anjos cantam sempre que um pecador se arrepende. Vejamos se há algum *senso na sua canção*, ou se eles cometem um engano. Por que os anjos cantam por pecadores penitentes?

Em primeiro lugar, penso que é porque se lembram dos dias da criação. Vocês sabem, quando Deus fez este mundo e fixou os feixes do céu em pontos de luz, as estrelas da manhã cantaram juntas e os filhos de Deus gritaram de alegria (Jó 38:7); ao verem estrela após estrela voando como faíscas da grande bigorna da Onipotência, começaram a cantar; e cada vez que viam uma nova criatura criada nesta pequena Terra, eles louvavam novamente. Quando viram a luz pela primeira vez, bateram palmas e disseram: "Grande é o SENHOR; pois Ele disse 'Haja luz!' e a luz veio a existir" (Gênesis 3:1). E quando viram o Sol, a Lua e as estrelas, novamente bateram palmas e disseram: "Ele fez grandes luminares; porque sua misericórdia dura para sempre. O sol para governar o dia; porque sua misericórdia dura para sempre. A lua para governar a noite; porque sua benignidade dura para sempre" (Gênesis 1:14-19). E por causa de tudo o que Ele fez, eles cantavam sempre aquela doce canção: "Criador, tu deves ser engrandecido; porque a tua misericórdia dura para sempre". Agora, quando veem um pecador retornando, veem novamente a criação; pois o arrependimento é uma nova criação. Ninguém jamais se arrepende até que Deus crie nele um novo coração e um espírito reto (Salmos 51:10). Não sei se desde o dia em que Deus criou o mundo, com exceção dos novos corações, os anjos viram Deus fazer qualquer outra coisa. Ele poderia, se assim o desejasse, ter criado novos mundos desde aquela época; mas talvez o único exemplo de nova criação que eles já viram desde o primeiro dia seja a criação de um novo coração e de um espírito reto no peito de um pobre pecador penitente. Por isso eles cantam, afinal a criação recomeça.

Também não duvido de que eles cantem porque contemplam as obras de Deus brilhando novamente em excelência. Quando Deus criou o mundo pela primeira vez, Ele disse: "É muito bom" (Gênesis 1:10), mas Ele não poderia dizer isso agora. Há muitos de vocês dos quais Deus não poderia dizer isso. Ele teria que dizer exatamente o contrário. Ele teria de dizer: "Não, isso é muito ruim, pois o rastro da serpente varreu a sua beleza, aquela excelência moral que antes habitava na humanidade desapareceu"; mas quando as doces influências do Espírito levam os seres humanos novamente ao arrependimento e à fé, Deus olha para o ser humano e diz: "É muito bom", pois o que o seu Espírito faz é semelhante a Ele — bom, santo e precioso. E Deus sorri novamente para sua criação feita duas vezes e diz mais uma vez: "É muito bom". Então os anjos recomeçam e louvam o nome do Criador, cujas obras são sempre boas e cheias de beleza.

No entanto, amados, os anjos cantam pelos pecadores que se arrependem, porque sabem do que aquele pobre pecador escapou. Somos incapazes de imaginar todas as profundezas do inferno. Isolados de nós por um véu negro de escuridão, não podemos contar os horrores daquela sombria masmorra de almas perdidas. Felizmente, os lamentos dos condenados nunca nos assustaram, pois mil tempestades seriam apenas o sussurro de uma donzela, comparados com o lamento de um espírito condenado. Não nos é possível ver as torturas daquelas almas que vivem eternamente numa angústia que não conhecem alívio. Esses olhos se tornariam esferas cegas de escuridão se lhes fosse permitido, por um instante, olhar para dentro daquele horrível santuário de tormento. O inferno é horrível, pois podemos dizer que os olhos não viram, nem os ouvidos ouviram, nem entrou no coração do ser humano conceber os horrores que Deus preparou para aqueles que o odeiam. Mas os anjos conhecem melhor do que vocês ou eu poderíamos imaginar. Eles conhecem isso; não que tenham o sentido, mas se lembram daquele dia em que Satanás e seus anjos se rebelaram contra Deus. Eles se lembram do dia em que a terça parte das estrelas do céu se revoltou contra seu Senhor soberano (Apocalipse 12:4); e eles não esqueceram como a mão direita vermelha do Senhor estava envolta em trovões; eles não esquecem aquela brecha nos parapeitos do céu quando, das maiores alturas às mais baixas profundezas, Lúcifer e suas hostes foram lançados (Isaías 14:12). Eles nunca esqueceram como, ao som da trombeta, perseguiram o inimigo voador até os abismos do desespero negro; e, ao se aproximarem do local onde a grande serpente será acorrentada, eles se lembram de como dizem "Tofete",[42] um lugar que foi preparado antigamente, cuja pilha é fogo e muita lenha; também se lembram de como, ao reverterem seu voo, todas as línguas ficaram em silêncio, embora pudessem muito bem ter gritado louvores àquele que vencera Lúcifer; mas sobre todos eles havia um temor solene de alguém que poderia ferir um querubim e lançá-lo em laços, sem esperança, de desespero eterno. Eles sabiam o que era o inferno, pois olharam para dentro de suas

---

[42] Em hebraico, "Lugar de chamas".

mandíbulas e viram seus próprios irmãos firmemente encerrados dentro delas (Judas 1:6); e, portanto, quando veem um pecador salvo, eles se alegram, porque há um a menos para servir de alimento para o verme que nunca morre (Marcos 9:43-48) — mais uma alma escapou da boca do leão (1Pedro 5:8).

Ainda existe uma razão melhor: os anjos sabem quais são as alegrias do céu e, portanto, alegram-se por um pecador que se arrepende. Falamos sobre portões de pérolas e ruas douradas (Apocalipse 21:21), de vestes brancas (Apocalipse 7:9), harpas de ouro (Apocalipse 5:8), coroas de amaranto (1Pedro 5:4) e muito mais; mas se um anjo pudesse falar-nos do céu, ele sorriria e diria: "Todas essas belas coisas são apenas conversa de criança, e vocês são criancinhas que não podem compreender a grandeza da bem-aventurança eterna; assim, Deus lhes deu uma cartilha e um alfabeto, no qual vocês podem aprender os primeiros esboços de letras do que é o céu, mas o que ele realmente é, vocês não sabem. Ó mortal, seu olho ainda nunca viu os esplendores dele; seus ouvidos ainda nunca foram arrebatados com as melodias dele; seu coração nunca foi transportado com as alegrias incomparáveis dele". Vocês podem falar, pensar, adivinhar e sonhar, mas nunca poderão mensurar o céu infinito que Deus providenciou para seus filhos: e, portanto, quando os anjos veem uma alma salva e um pecador arrependido, eles batem palmas; pois sabem que todas essas mansões benditas são dos filhos de Deus, visto que todos aqueles doces lugares de felicidade eterna são o legado de todo pecador que se arrepende.

Quero, porém, que vocês leiam o texto novamente, enquanto eu pondero sobre outro pensamento. "Há alegria diante dos anjos de Deus por um pecador que se arrepende." Agora, por que eles não guardam sua alegria até que o pecador morra e vá para o céu? Por que eles se alegram com ele quando se arrepende? Meu amigo arminiano, penso eu, deveria ir para o céu para corrigir os anjos sobre esse assunto. Segundo sua teoria,

200 O GRANDE EXÉRCITO DE DEUS

deve estar muito errado da parte deles, porque se alegram prematuramente. De acordo com a doutrina arminiana,[43] alguém pode se arrepender e, ainda assim, pode estar perdido, pode ter graça para se arrepender
e crer, e ainda assim pode cair em desgraça e ser um náufrago. Agora,
anjos, não sejam tão rápidos. Talvez vocês tenham de se arrepender disso
um dia; se a doutrina arminiana for verdadeira, eu os aconselharia a guardar seu cântico para alegrias maiores. Ora, anjos, talvez os seres humanos
pelos quais vocês estão cantando hoje sejam os mesmos pelos quais irão
se lamentar amanhã. Tenho certeza de que Armínio nunca ensinou sua
doutrina no céu. Não sei se ele está lá — espero que esteja, mas ele não é
mais um arminiano; mas se acaso ele ensinasse sua doutrina lá, certamente
seria expulso. A razão pela qual os anjos se alegram é porque sabem que
quando um pecador se arrepende, ele está absolutamente salvo; caso contrário, eles se alegrariam prematuramente e teriam bons motivos para
retratar sua alegria em alguma ocasião futura. Contudo, os anjos sabem o
que Cristo quis dizer aqui: "dou-lhes [às minhas ovelhas] a vida eterna,
e nunca hão de perecer, e ninguém as arrebatará das minhas mãos" (João
10:28); e, portanto, eles se alegram com os pecadores arrependidos, porque sabem que estão salvos.

Há ainda mais um fato que mencionarei antes de encerrar esse ponto.
Diz-se que os anjos "se alegram por um pecador que se arrepende". Na
noite de hoje, terei o feliz privilégio de dar a mão direita de comunhão a
nada menos que quarenta e oito pecadores que se arrependeram, e haverá
grande alegria e regozijo em nossas igrejas, porque esses quarenta e oito
foram imersos em uma profissão de fé.[44] Quão amorosos são os anjos

---

[43] Arminianismo é uma escola de pensamento sobre a salvação baseada nas ideias do
holandês Jacó Armínio (1560-1609). Basicamente, ela afirma que o ser humano pos-
sui um livre-arbítrio suficiente para escolher ou rejeitar por si mesmo a oferta da salvação. A salvação não é manifestada aos escolhidos prévios de Deus, como na teoria
calvinista, pois Deus não escolheu ninguém previamente.

[44] Spurgeon se refere ao batismo de quarenta e oito pessoas.

A AFINIDADE DOS DOIS MUNDOS **201**

para com os seres humanos, pois eles se alegram por um pecador que se arrepende!

Lá está ela, naquele sótão onde as estrelas aparecem por entre as telhas. Há uma cama miserável naquele quarto, com apenas um pouquinho de cobertas, e ela está ali deitada para morrer! Pobre criatura! Muitas noites ela andou pelas ruas no momento de sua alegria, mas agora suas alegrias acabaram; uma doença horrível, como se um demônio estivesse devorando seu coração! Ela está morrendo rapidamente e ninguém se importa com sua alma! Mas ali, naquele quarto, ela vira o rosto para a parede e clama: "Ó tu que salvaste Madalena, salva-me; Senhor, arrependo-me; tem piedade de mim; peço-te". Os sinos tocaram na rua? A trombeta foi tocada? Ah! Não! As pessoas se alegraram? Houve um som de ação de graças no meio da grande congregação? Não; ninguém ouviu; pois ela morreu sem ser vista. Esperem! Havia alguém ao lado de sua cama que notou bem aquela lágrima; um anjo que desceu do céu para cuidar dessa ovelha perdida e notar seu retorno, e assim que sua oração foi proferida, ele bateu as asas e foi visto voando até os portões perolados, um espírito semelhante a uma estrela. Os guardas celestiais aproximaram-se do portão, gritando:

— Qual a notícia, ó filho do fogo?.

Então ele disse:

— Aconteceu!

— E o que aconteceu? — eles disseram.

— Ora, ela se arrependeu.

— O quê? Aquela que já foi a principal dos pecadores? Ela se voltou para Cristo?

— É isso mesmo — disse ele.

E então eles contaram isso pelas ruas, e os sinos do céu tocaram o toque do casamento, pois Madalena foi salva, e aquela que tinha sido a principal dos pecadores foi convertida para o Deus vivo.

202 O grande exército de Deus

Aconteceu em outro lugar. Um pobre menino desprezado, com roupas esfarrapadas, corria pelas ruas há muitos dias. Educado no crime, ele estava abrindo caminho para a pena de morte na forca; mas em uma manhã, ele passou por uma sala humilde, onde alguns homens e mulheres estavam sentados juntos ensinando crianças pobres e esfarrapadas. O jovem marginalizado entrou ali desorientado; conversaram com ele, contaram-lhe sobre uma alma e sobre uma eternidade — coisas que ele nunca tinha ouvido antes; eles falaram de Jesus e de boas-novas de grande alegria para esse pobre rapaz sem amigos. Ele foi outro domingo, e outro; seus velhos hábitos pairavam sobre ele, pois não conseguia se livrar deles. Por fim, aconteceu que um dia seu professor lhe disse: "Jesus Cristo recebe pecadores". Aquele garotinho fugiu, mas não para casa, pois seria apenas uma zombaria chamá-la assim — onde um pai bêbado e uma mãe lasciva mantinham juntos um tumulto infernal. Ele correu, e sob algum arco seco, ou em algum canto deserto e não frequentado, e lá aquela pobre criatura em seus farrapos dobrou seus pequenos joelhos e gritou: "Senhor, salve-me, ou eu perecerei"; a pequena criança ajoelhada foi salva! Ele disse: "Jesus, amado da minha alma, deixe-me voar para os teus braços".

E para além daquele velho arco, daquele casebre abandonado, voou um espírito, feliz por levar a notícia ao céu, de que outro herdeiro da glória nascera para Deus. Posso imaginar muitas dessas cenas; mas cada um de vocês tentará imaginar a sua própria? Você se lembra da ocasião em que o Senhor se encontrou com você. Ah! Você não pode imaginar a comoção que houve no céu. Se um monarca tivesse ordenado a retirada de todos os seus soldados, os anjos do céu não teriam parado para notá-los; se todos os príncipes da Terra tivessem marchado em cortejo pelas ruas, com todas as suas vestes, e joias, e coroas, e trajes, suas carruagens e seus cavaleiros — se as pompas das antigas monarquias tivessem surgido do túmulo —, se todo o poder da Babilônia, de Tiro e da Grécia tivesse sido concentrado em um grande desfile, nenhum anjo teria parado em seu caminho para sorrir para aquelas pobres coisas espalhafatosas; mas por você, o mais vil dos vis, o mais pobre dos pobres, o mais obscuro e desconhecido — por você pairaram asas angelicais, e a seu respeito foi dito na Terra e cantado no céu: "Aleluia, pois um filho nasceu para Deus hoje!".

III

E agora, devo concluir com esta *lição para os santos*. Acho, amados, que não será difícil para vocês aprenderem. Os anjos do céu se alegram pelos pecadores que se arrependem: santos de Deus, vocês e eu não faremos o mesmo? Não creio que a igreja se alegre o suficiente. Todos nós resmungamos e gememos bastante, mas poucos de nós se alegram na mesma proporção. Quando levamos um grande número para a igreja, isso é considerado uma grande misericórdia; mas a grandeza dessa misericórdia é apreciada? Direi quem são os que mais apreciam a conversão dos pecadores: são aqueles que acabaram de se converter, ou aqueles que foram eles próprios grandes pecadores. Aqueles que foram salvos da escravidão, ao verem chegando outros que recentemente usavam as correntes, ficam tão felizes que podem muito bem pegar o tambor, a harpa, a flauta, o saltério e louvar a Deus por haver outros prisioneiros que foram libertos pela graça. Há outros, porém, que podem fazer isso ainda melhor, e são os pais e parentes daqueles que são salvos. Você já agradeceu a Deus muitas vezes quando viu um pecador ser salvo; mas, mãe, você não agradeceu mais quando viu seu filho convertido? Oh! Aquelas lágrimas sagradas não são lágrimas — são diamantes de Deus, lágrimas de alegria de uma mãe, quando seu filho confessa sua fé em Jesus. Oh! Aquele semblante alegre da esposa, quando vê o marido, há muito bruto e bêbado, finalmente transformado em homem bom e cristão! Ah, aquele olhar de alegria que um jovem cristão lança quando vê convertido o seu pai que há muito o oprimia e perseguia. Eu estava pregando esta semana para um jovem ministro e, ansioso para conhecer seu caráter, falei dele com aparente frieza a uma estimável senhora de sua congregação. Em poucos momentos ela começou a se entusiasmar a seu favor. Ela disse:

—Você não deve dizer nada contra ele, senhor; se o fizer, é porque não o conhece.

— Oh! — eu disse — Eu o conheci muito antes de você; ele não é grande coisa, não é?

— Bem — ela disse —, devo falar bem dele, pois ele tem sido uma bênção para meus serviçais e minha família.

Saí para a rua e vi alguns homens e mulheres parados; então eu lhes disse:

— Devo levar embora o seu ministro.

— Se você fizer isso — disseram eles —, levar embora um homem que fez tanto bem às nossas almas, nós o seguiremos por todo o mundo.

Depois de reunir o testemunho de quinze ou dezesseis testemunhas, eu disse: "Se o homem consegue testemunhas como essas, deixe-o continuar; o Senhor abriu sua boca, e o Diabo nunca será capaz de fechá-la". Estas são as testemunhas que queremos — pessoas que possam cantar com os anjos porque as suas próprias famílias estão convertidas a Deus. Espero que assim seja com todos vocês; e se algum de vocês for levado a Cristo hoje — pois Ele está disposto a recebê-lo —, você sairá deste lugar cantando, e os anjos cantarão com você. Haverá alegria na Terra e alegria no céu; paz na Terra e glória a Deus nas alturas. O Senhor abençoe a todos vocês, pelo amor de Jesus.

Sermão proferido em 4 de julho de 1858.

SOBRE O AUTOR

CHARLES Haddon Spurgeon nasceu em 19 de junho de 1834, em Kelvedon, Inglaterra, e morreu em 31 de janeiro 1892, em Menton, França. Foi um ministro religioso inglês de tradição reformada. Ele foi pastor do Metropolitan Tabernacle, uma igreja batista de Londres, durante quase quarenta anos. Ele é conhecido mundialmente como "o Príncipe dos Pregadores". Seus sermões inspiradores, além de livros e meditações sobre as Escrituras, têm sido traduzidos para vários idiomas.

Conheça outros livros de Spurgeon publicados pela Hagnos:

- *O Evangelho Segundo Mateus: a narrativa do Rei*
- *Esperança, o perfume do coração*
- *Fé, o alimento da alma*
- *Filhos da promessa*
- *Milagres e parábolas do Nosso Senhor*
- *Perguntas para a mente e o coração*
- *O Grande Deus*
- *A beleza da vida cristã: 10 sermões sobre o nosso dia a dia com Deus*
- *O maior presente de todos: 10 sermões sobre a salvação*